反内耗心理学

马浩天 —— 著

天津出版传媒集团
天津科学技术出版社

图书在版编目（CIP）数据

反内耗心理学 / 马浩天著. -- 天津：天津科学技术出版社，2024.4（2025.1重印）
ISBN 978-7-5742-1808-6

Ⅰ. ①反… Ⅱ. ①马… Ⅲ. ①心理学 Ⅳ. ①B84

中国国家版本馆CIP数据核字（2024）第046092号

反内耗心理学

FAN NEIHAO XINLIXUE

责任编辑：韩　涵

出　　版：天津出版传媒集团
　　　　　天津科学技术出版社

地　　址：天津市西康路35号

邮　　编：300051

电　　话：（022）23332695

发　　行：新华书店经销

印　　刷：水印书香（唐山）印刷有限公司

开本 670×950　1/16　印张 11　字数 100 000
2025年1月第1版第8次印刷
定价：49.80元

很多人都有这样的困惑：我今天什么也没有做，可是为什么会这么累呢？

答案最终都指向内耗。顾名思义，内耗就是指内在的消耗，自己为难自己，自己耽误自己。内耗不仅是自己跟自己的斗争，更包含自己对自己的敌意。所以，今天你内耗了吗？

内耗大多是因为人们受到外界的刺激而感到小不快、小不甘、小不爽等。这些负面情绪仅自己能感受到，也许转瞬即逝，也许潜伏胸口，但切忌放任自流。因为一旦忽视就容易以小见大、由点及面，逐渐强化。而不管是长期负面情绪缠身，还是短期负面情绪突然增加，都会引发内耗。

当一个人被坏情绪左右的时候，他就会变得非常容易冲动，有时会做出失去理智的事情。在工作中，我们经常会看到有人因为态度问题而将合作搞砸；在生活中，我们也经常看到有人因火气上来而和人爆发激烈争吵。心理学家发现，好情绪在人的生活中占有绝对多的比例，可通常导致恶果的都是那一时的坏情绪。俗话说得好，"冲动是魔鬼"，假如我们不能管理自己的情绪，那么1%的坏情绪很有可能会导致100%的内耗。

现代社会，生活压力大，工作压力也大，所以我们必须得支棱起来，不仅要有个好身体，同样也要有一个好的精神面貌。而要实现这样的结果，就必须做到低内耗。

奥地利作家卡夫卡说："时间很短，我的精力有限，办公室混乱，公寓喧闹，假如我们不能轻易得到愉快的生活，就只能想些巧妙的办法迂回前进。"其实，想拥有低内耗的人生不需要迂回前进，只要你能及时感知自己的小情绪，就能将内耗扼杀于萌芽之中。

低内耗人生从情绪管理开始，你了解自己的情绪吗？你知道如何利用情绪降低内耗，提高自我价值，然后走向人生巅峰吗？请你于百忙之中阅读此书，相信它定能让你更好地了解自己，让你明白你的内耗是怎么来的，如何做能减少内耗，以获得轻松、快乐的人生。

上篇　情绪感知：跟你的情绪一起步入舒适圈

第一章　做情绪的"操盘手"："别人的声音"VS"我的声音"

自我价值感低的人，更在意"别人的声音"　　　004

讨好他人不如取悦自己　　　008

会说"不"，你好、我好、大家好　　　013

他/她是在嫌弃我吗　　　017

摆脱弱者形象，做一个"强势"的人　　　020

皮格马利翁效应：用积极的声音武装自己　　　025

第二章　潜意识情绪对抗：你还在被1%的坏情绪影响吗

低内耗从接纳自己的不完美开始　　　028

做到不对抗、不抵触　　　032

野马结局：不做"愤怒的野马"　　　034

没事不找事，烦恼都是找来的　　　037

第三章 驶出情绪的单行道，让你的情绪转个弯

情绪困扰初体验 …… 042

低自尊是内耗最高的情绪体验 …… 045

当你迷茫时，要给自己尝试的机会 …… 049

开局一座山，也不钻牛角尖 …… 053

做比较不能盲目，参照物要选好 …… 056

"全都完了"的想法要不得 …… 058

第四章 负面情绪有点儿多，那就给情绪"放放水"

超限效应：负面情绪可以有，但更要有诗和远方 …… 062

争吵有度，寻找吵架的乐趣 …… 065

把烦恼通通说出来 …… 070

工作再忙，也要培养一两个兴趣爱好 …… 073

跑步能让大脑醒醒神 …… 076

吃一顿大餐，不如睡一个好觉 …… 079

下篇 情绪价值：管理情绪让你又美又飒

第五章 认知"角色效应"，找准自己在圈子里的位置

你被赋予了什么角色 …… 086

内耗之角色冲突 …… 090

焦点效应：别把自己想得太重要 …… 093

第六章 大家都是隐藏的"社牛",轻松舒适的聊天秘诀

社交焦虑来袭,解读"宅男""宅女" 098

成年人的社交秘诀 104

情绪有力量的人更容易成为"社牛" 108

内向的人怎么办 112

被批评了,你会走心吗 115

高情商的人说话都有目的性 119

第七章 寻找爱和幸福的情绪密码,让亲密关系升级

跟原生家庭和解,治愈内心的"黑洞" 122

热恋过后,自然度过冷淡期 129

给自己传递积极的暗示,爱情会如约而至 135

不因索取而内耗,付出才会收获幸福的满足感 138

不做"yes 父母" 142

第八章 打工人不焦虑,情绪积极才能高薪又高兴

"越努力越幸运"还是"越努力越焦虑" 148

高薪重要,高兴更重要 151

内卷再残酷,也要专业感溢出 154

远离负面思维,享受努力工作的乐趣 159

担心随时被淘汰,说说知识焦虑 165

上篇

情绪感知:
跟你的情绪一起步入舒适圈

民上

第一章

做情绪的"操盘手":"别人的声音"VS"我的声音"

我们的上司、同事、下属、配偶、孩子、父母、邻居、朋友和其他日常生活中需要打交道的人,都可能成为我们情绪的"操盘手"。我们大多数人的情绪都或多或少地被他们影响过。

自我价值感低的人，更在意"别人的声音"

"关于这个策划老板催了三次了，你怎么能只顾着去和男朋友约会呢？周六来加个班吧。"即便心中不愿意，但担心拒绝会让上司不高兴，所以依然违背心意同意加班。面对别人提出的请求，即使自己心中不愿意，但为了让对方满意，获得对方的认同，也依然勉强自己去做。这样的人，就是自我价值感低的人。

跟正常人相比，自我价值感低的人往往更在意"别人的声音"，在意别人对自己的评价。当一个人过度在乎别人的感受，长期忽略自己的感受，甚至压抑自己内心的需求时，他的内心就很容易滋生不满，进而产生焦虑的负面情绪。

心理学家发现，自我价值感低的人，由于不自信，经常迫切希望通过某些行为来获得他人的认同。因此，他们通常更在意别人的看法和评价。比如，在工作中，自我价值感低的人总是希望得到上司的肯定；在学习的过程中，他们希望获得老师的表扬；在跟朋友交往时，他们希望被朋友看重……

如果自我价值感低的人被负面评价，那他们很容易自我否定，并不断地检讨自己到底哪里做得不好。因为自我价值感低的人的思想和行为太容易受到他人的影响，所以在他们的认知中，要想获得他人的好感就得答应他人提出的请求。因此，他们不断地违背自己内心的真实想法，一味迁就别人，从不顾及自己的感受和承受的委屈。

然而，越是这样，就越没有人会考虑他们的感受，自我价值感就会进一步降低。时间久了，就会导致负面情绪缠身，内耗严重超标。

要想摆脱这种糟糕的状况，就要摆正自己的心态，提高自我价值感，不被"别人的声音"影响，保持稳定的情绪。自我价值感之所以低，除了不自信外，自我认知错误也是一个重要原因。

比如，有些人在取得一次成功之后，可能就会将这次成功视为自己应该要达到的标准，甚至对自己提出更高的要求。一旦没有达到，就会自我怀疑，自我价值感降低，内心充满焦虑和不安，迫切希望通过再一次成功来证明自己。越是这样，就越无法取得

成功，心理焦虑和不安就愈加严重，由此陷入情绪的恶性循环，导致自我价值感越来越低。

由此，我们需要明白，一次成功，那只是偶然，我们可以将其视为奋斗的目标，但是不能将其当作经常会发生的事情，然后对自己的价值感和能力产生误解。对自己有正确的认知，成功也好，失败也罢，我们都能够以良好的心态面对。就算失败了，也能够保持积极的心态，分析失败的原因，汲取经验教训，让失败成为我们前进的基石。

除此之外，还有一些追求完美的人，因为对自己的要求过高，又太在乎他人的眼光，也总是会内耗。比如，当有一件比较棘手的事情要完成时，大家就会把这件事推给追求完美的人，并对他说："这件事情太难完成了，你这么厉害，也只有你能帮忙了。"然而，一旦没有完成这件超出自我能力的事情，他就会自责和内疚，进而内耗。

所以，拥有正确的自我价值感很重要，这样我们才能对自己的能力有正确的认知，既能欣赏自己的长处，又能正视自己的不足，改正并提升自己。

那么，对于自我价值感低的人来说，如何才能提升自我价值感，从而让自己远离负面情绪和内耗呢？

首先，要正确认识自己存在的意义，也就是正确认识自己和他人的价值。每个人都有自己的价值，只有不断提升自我认知，才能避免被别人的声音影响，遇到事情才能进行正面评价。

其次，要坦然面对失败，积极改正不足。在遭遇挫折和失败时，不要一味逃避，要正视它并从中吸取经验和教训，然后借助自己的优势，让自己强大起来。唯有如此，生活才能向好的方向发展。

最后，保持良好的心态。"态度决定一切"，拥有一个积极、良好的态度，就会有一个好的开端。用积极、健康的心态坦然面对生活，我们就能做到不随意贬低自己，并拥有正确的自我价值感。

因此，我们应记住，无论发生什么事情，都不要贬低自己，也不要被"别人的声音"左右。而提高自我价值感，则能在很大程度上让我们降低内耗，从而保持情绪稳定。

讨好他人不如取悦自己

赞赏别人，是一件令人心情愉悦的事情，既肯定了对方的努力和成就，又能够快速拉近双方的关系。但是赞赏过度，就会变成刻意取悦别人，这样不仅会让自己和被赞美的人尴尬，还会让自己被嘲笑。

赵娜是一位很优秀的舞蹈老师，拥有一家舞蹈工作室，其学员众多。为了更好地联系和指导学员，赵娜与每位学员都成了微信好友。

平时，赵娜喜欢在微信朋友圈发一些动态，学员们偶尔会点赞或评论，大家都觉得这样既不会过分打扰对方，又能适当增进联系，挺好。

然而，就在最近这些日子，学员们发现了一件特别好玩的事情。每当赵娜在微信朋友圈里分享状态后，就有一个学员点赞留言。假如赵娜发了一张表演的照片，这个学员就会评论："老师，您真是一代舞神！"假如赵娜发了一些日常生活的照片，如出门旅游的照片，她又评论："看起来真是太美了，真想跟老师一起出游。"

尽管赵娜并没有回复她的评论或者给她的朋友圈状态点赞，她还是坚持了很久，给人的感觉是她跟老师的关系挺不错。然而，这种刻意讨好的行为并没有为她带来好处，反而引起了其他学员的不适和嘲笑。

有些时候，一些人总会为了达到某种目的而赞赏他人，甚至将各种优美的词汇强加在他人身上。当一个人把取悦别人视为成功的捷径时，他通常很难成功。甚至，在这个过程中，他还有可能暴露自己的不足和功利心，引起他人的反感。

因此，在跟人交往的过程中，我们不要刻意讨好他人，就算是赞美他人，也要遵循适度原则，且要保持真诚的态度。

在现实生活中，除了不要带有目的性地去取悦他人，我们更要避免那种老好人式的讨好他人的行为。很多人都羡慕"老好人"

有一个好人缘,然而很多时候,那些"老好人"并不快乐。对他人友善本身是一件好事,但当友善超过了一定的限度,就会造成内耗。

是怎样定义"老好人"的呢?"老好人"指那些经常帮助别人,对别人的请求全部答应,过度热心助人的人;处处为别人着想,想尽办法为别人解忧,特别善解人意的人;遇到矛盾冲突主动退让,对别人的意见一味说好,非常与人为善的人;别人有了困难就会伸出援手,就算会损害自己的利益也义无反顾的人……

美国心理学家巴巴内尔认为,过度友善并不是一种值得赞美的性格,而是一种病态心理,他将其称为"看管人性格紊乱""友善病"或者"取悦病"。他在其著作《揭开友善的面具》一书中写道:"极端无私是一种掩盖一系列心理和情感问题的性格特征。"

世界上不存在完美的人,同样也不存在极端无私奉献的人。一个人过度友善只是因为他们内心极度缺乏安全感,希望借助不断地帮助他人来得到认可和肯定。他们表面友善无私,内心深处却充满孤立、空虚、痛苦、焦虑等负面情绪。

在具体交往中,过度取悦他人不仅会给他人带来负担,也会暴露内心不够强大的事实,故而才会希望借助外界对自己的接纳和肯定来提高自己的价值,为自己增强信心。但显然这样做是错误的。

因为如果一个人长期处于讨好者的位置，那他将很容易陷入取悦他人的病态，并渐渐地将他人的意志作为自己的行为准则，从而迷失自我。长期对人过度友善，忽略自己的感受，会让自己陷入身心双方面内耗的境地，付出巨大的代价。

英国心理学家阿布斯说过："如果一个人太顺从，不能为自己挺身而出，没有自己的声音，那他很容易受人欺负。"因为一旦讨好的对象表现出一点儿不满，他就有可能陷入恐慌情绪。

所以，在跟人相处的时候，学会正确处理彼此的关系特别重要。尤其是千万不要做"老好人"。阿布斯告诉我们："如果想改变这种长期以来的行为习惯，那就需要'痛苦地努力'，需要了解自己，认知自己的恐惧和担忧。"

想要克服过度取悦的心理，我们可以从下面几点入手。

首先，我们要大胆地学会为自己说话，学会正视自己的不足。比如，当你想要做某件事情又缺乏勇气时，你可以这样给自己打气，"我想……""我要……"，并且想象这件事情成功之后能给自己带来的满足感和喜悦感，这样你就会越来越有勇气做自我，越来越自信。

其次，不要和别人攀比。很多人都会下意识地去跟人攀比，一旦对方取得的成就超过自己，就会心生焦虑，从而在负面情绪的驱使下做出一些不理智的行为，比如刻意取悦对方，以期得到

帮助，希望自己将来也能像对方一样获得成功，甚至超越对方。可见这种讨好心理的动机就很不阳光。

假如你也想像别人那样在某方面获得成功，正确的做法是先给自己进行正确的定位，再为自己制定合适的目标，之后按照目标坚定、努力地去做，直到成功达到目标。我们要明白，我们有自己的生活和工作，无须和他人比较，更无须讨好他人，我们只要掌握好自己的生活和工作节奏，好好做自己，好好努力，就可以了。

最后，平等和尊重是处理人际关系的基础。当一个人的能力越来越强大之后，他就会发现讨好他人只会带来情绪的内耗，自己的情绪应该掌握在自己手里。

会说"不",你好、我好、大家好

在生活中,很多人都不好意思拒绝别人的请求,并且觉得"不"是最难说出口的一个字。然而,如果我们碍于情面不好意思拒绝别人,勉强自己去做不喜欢的事情,只会让自己被负面情绪包裹,然后不停地内耗。

请千万不要误会,上面说的"拒绝别人",并不是冷漠地将他人的求助统统拒之门外,而是建议你根据自己的意愿和能力有选择地帮助他人。学会对他人不合理的请求说"不",不勉强自己去做不想做的事情,尊重自己的感受,不失去自我,拥有独立、自尊自爱的人格,我们才能开心快乐、幸福地度过一生。

随着人们生活品质的提高和生活节奏的加快,有时候不会拒

绝别人反而会给我们带来麻烦。比如,朋友向你借钱,但是你打算存钱去欧洲玩,并不想借给他;同事邀请你去酒吧聚聚,可是你劳累了一天只想回家陪陪孩子;同学向你请求帮助,但是刚加完两天的班……面对周围人的各种不合理的或大或小的请求,违心答应了就是自己为难自己,不答应却又不知道该如何拒绝对方。因为拒绝了对方,对方可能就会不高兴,我们心中就会因此而产生内疚感,进而导致精神内耗。

古希腊数学家、哲学家毕达哥拉斯说过:"最短、最老的字——'好'或'不'——需要最慎重地考虑。""拒绝"本身或许会让人产生不快,因为我们违背了对方的心意。但在人际交往中,由于立场、能力、权力、资源、时间、心情等方面的原因,我们不可能事事都遵照他人的期望和要求来做。假如事事都顺从他人,不顾自己的感受,慢慢地,我们就会陷入负面情绪的内耗。

卓别林大师告诉我们:"学会说'不'吧!那样你的人生将会变得更美好。"谁也不是万能的,每个人都会遇到自己力所不能及的事情。如果能够尊重自己的感受,顾及自己的现实情况,顺从自己的内心意愿去拒绝别人,那么我们就能够摆脱压抑、焦虑等负面情绪,活得轻松、快乐。

当然,直接拒绝别人是不可取的,那样不仅会让对方丢面子,还会影响彼此的感情。因此,得体地、委婉地说"不"是一门艺术,这样既不会让对方不愉快,还能帮助我们保持稳定的情绪。

拒绝别人并没有我们想的那么困难,真正的朋友也不会因为我们的一次拒绝就不再往来。只要你掌握了拒绝的技巧,就可以在不伤害对方面子的前提下,得体地说"不"。下面就分享几个比较实用的拒绝小技巧。

(1)拒绝一个人要先尊重他。很多时候,在对别人说"不"时,让人不舒服的并不是拒绝行为本身,而是我们拒绝时的态度和语言。只有感受到你的尊重,对方才会对你的拒绝表示理解。

(2)量身定制,把握尺度。对自己的朋友、亲人和同事要有边界感,同他们保持适当的距离。在对这些人说"不"的时候,我们要根据关系的亲疏远近,使用合适的语言,把握好尺度,既不能过分亲密,也不能过分疏远。

(3)拒绝的原因要讲清楚。拒绝别人的时候千万不要模棱两可,如果不把拒绝的理由说清楚,那么对方会觉得你不真诚,便会对你产生意见,日后可能会在一些方面给你带来麻烦。因此,不论出于什么原因拒绝别人,都要坦诚且明确地告诉对方,获得对方的理解。

(4)拒绝也不要忘了赞美对方的优点。没有人不喜欢听好话,大家都希望别人认同自己。所以在拒绝别人的过程中,不妨先肯定对方的优点,表明自己在某些方面不如对方,鼓励对方自

己去想办法或通过去寻求其他方式去解决，最后再说明自己为什么不能答应对方的请求，让对方因增强了信心和被充分尊重而理解我们。

如果你正在为了不知道如何拒绝别人的不合理请求而烦恼，那么请不要犹豫，得体地跟对方说"不"，既让对方懂得要体谅我们的难处，也让我们从这种拉扯、纠结的内耗情绪中走出来，重新拥有好状态、好情绪，让生活回归正轨，从而实现你好、我好、大家好的圆满结局。总之，当我们学会对一些不合理的要求说"不"，不再因此有愧疚、不安的负面情绪时，我们就会惊奇地发现，我们的内耗减少了，由此而来的不快、担忧等情绪不见了，我们不再萎靡不振、无法专心做事，我们重新变得元气满满、朝气蓬勃，觉得幸福生活唾手可得。

上篇　情绪感知：跟你的情绪一起步入舒适圈

 他/她是在嫌弃我吗

"他们是不是在嫌弃我穿的衣服不好看，在偷着取笑我？为什么我总感觉刚才走过去的那两个人一直在盯着我的裙摆看？"

"早上没来得及打理头发，结果我一整天都耿耿于怀。上班期间，觉得同事都在讨论我发型古怪，甚至连上司都多看了我头发几眼。难道他们也在嫌弃我的头发？让我一整天都不能专心工作。"

别人多看自己几眼就是在嫌弃自己吗？真的是别人在嫌弃自己吗？当然不是。这种想法的产生，说白了就是在内心深处不接纳自己，自己对自己持否定的态度。试想，一个连自己都不接纳和肯定的人，又怎么会有自信，怎么会有正确的自我评价，怎么

017

能不通过臆想的方式将对自我好坏的评判权虚妄地"交予"他人？这是内在自我极度虚弱的表现。上述案例中的路人、同事和上司真的存在吗？答案是否定的，那都是其内在虚弱自我的假想。

现实中事物发展的正确逻辑和正确想法应该是，假如有人因为你衣服怪异或头发蓬乱就嫌弃你，觉得你是一个差劲的人或者要跟你绝交，那么只能说明对方思想奇特，不值得交往，与你本人没关系。

再者，大家应重新思考一下人们究竟讨厌什么样的人。其实，人们之所以会讨厌一个人，往往是因为这个人做了让大家真正讨厌的事。你没有那么做，又怎么会被人嫌弃？

假如仅仅是穿衣打扮稍微有些特别，或者言行举止有些与众不同，一般不会让大家嫌弃。因此，强大自我、充实自己的内在能量，不低看自己，正确看待自己，才能让我们不过分在意他人的眼光，不胡思乱想，进而避免无谓的内耗。

精神医学和精神分析学家科胡特认为，人只有在"自爱"受到伤害时，才会产生愤怒和怨恨，并会真正嫌弃那个伤害自己的人。

通常而言，自爱是指一个人尊重、关爱和照顾自己。因此，几乎人人都有自爱的心理，都希望别人对自己的评价是"他很强、很聪明、很特殊"。当自爱遭到否定，也就是当得知别人对自己的评价是"弱小、愚蠢、毫不起眼"时,我们的自爱就会受到暴击。按科胡特的说法,"自爱"受到伤害是一个人产生愤怒和怨恨,并嫌弃别人的原因。

可见,担心因外在的不完美而被人嫌弃的想法完全是多余的,只要我们不无端地负面评价他人,或以大欺小、以强凌弱,我们就不会被人嫌弃。

假如你真的担心被嫌弃,那么你就应该关注有关自爱的内容,然后将目标转向那里,而不是整天只盯着自己的外在。

摆脱弱者形象，做一个"强势"的人

很多人都不喜欢跟这样的人打交道：做任何事之前，都先把自己的难处和不易摆在桌面上，先占据下风。在工作中，他们表示这个不会、那个不行，常说"我还不熟练，你帮帮我"。在生活中，他们更拉得下脸，不是今天不舒服，就是明天家里有事，如"赵哥，有件事你得帮我跑一趟"。还有的身段更软，曲意逢迎、溜须拍马都不在话下，看似手段稍微高明一点儿，但和上面直接开口的那一类人的本质目的都是一样的。

他们把自己视为弱势群体，希望通过唤起别人的同情和怜悯而获得好处。但殊不知这种示弱行为是很难获得尊重的。跟势均力敌的博弈、旗鼓相当的合作相比，这种行为太不体面，帮一次是情分，照顾两次也可以，可是人们最终只会跟真正强大的人并肩前行。因为最后收服人心和获得成功的都是强者，而不是弱者。强势听上去似乎并不讨喜，有居高临下之嫌，真的如此吗？

听到某人被冠以强势的时候，人们通常会觉得它是负面的，但实际上，"强势"是个中性词，它跟大多数性格特点一样，具有两面性。好的一面是，强势者大多有主见，性格果断，会主动去影响别人；不好的一面是，刚开始与他们接触的人会觉得他们难以接近、独断专行。

很多人都在努力做一个强势的人，也更愿意跟强势的人交往。强势者不好的一面正在被修正和改善，强势的积极作用也正显现出来。在积极作用的加持下，强势的人往往更容易成为独立、强大、有行动力、有影响力的人，也更容易获得成功和幸福。

1. 强势能促进自己成长

以弱示人者多表现出弱者心态，遇事习惯用弱和讨好来解决问题，而不是把精力用于让自己变得强大。以强势示人往往需要一些东西来支撑，而这就是强势者的过人之处。比如，要想成为能力或知识储备方面的强者，就需要不断地修炼和提升。也是因为强势，不仅他人会对强势者有更高的期待，就连强势者自己也会用强者心态来鞭策自己持续进步，所以强势的人离成功很近。

2. 强势的人不会被欺负

欺软怕硬是大多数人的本性，因此"软柿子"往往最易成为被拿捏的对象。弱势群体是最有可能被强制、被欺压的，示弱虽然能得到一时的便利和好处，但也会被打上"弱者"的标签。强势者则不同，他们至少给别人有底气、有原则的印象，让别人觉得他们是不可欺的人。

遭遇相同，强势的人会表明立场、原则，拒绝委屈自己、成全别人。尽管这可能会被人评价为缺乏亲和力，但有亲和力并不等同于违背自己的意愿，不顾自己的感受。

3. 强势的人更容易实现目标

强势的人不会轻易妥协，始终致力于成长，所以更容易实现目标，获得成功。跟弱势者相比，强势的人更喜欢用实力去证明自己。他们不仅有明确的目标，还有追随的伙伴，这就是他们的优势。

在一个团队中，强势的人也往往是最能提升团队效率的人。他们不会花时间去纠结和犹豫，因为他们清楚地知道在什么时间要做什么事，所以，大家一起使劲"干"就完了。

强势的人都具有这些优势，但要最大化地将强势作用发挥出来，还要走出强势的误区，至少不一叶障目，以免产生不必要的内耗。

1. 强势不是姿态，而是心态

在跟人交往时，成熟的强势者会保持平和、平等的姿态，既给他人留有余地，又坚持原则和主张。

2. 强势不是唯一的性格底色，而是一种保护色

强势不是唯一的性格底色，本质上是强势者的一种自我保护色，维护着强势者内心世界的秩序，让强势者免受欺凌。

其实，不管是哪一种性格，都不是一个人唯一的性格底色。一个人可以是既温柔又强悍的，既外向又内敛的，既宽容又小气的。只要被用于合适的场合，对立的性格不仅不会产生矛盾，还会让人大放异彩。所以，要避免时时刻刻以强势示人。当强势者学会释放温柔、内敛时，他也就多了一丝韧性和一种反差感的魅力色彩。

3. 强势不是手段，而是一种性格

强势有助于实现目标，但不能成为手段。在必要的时候，强势者要学会退让。如果没有破坏底线，适度低头并不等于以弱示人，而是在必要时刻的必要选择。此外，强势者也可以用迂回的方式来做事，不触及核心的让步往往有以退为进的效果。

其实，强势的人通常比弱势的人承受得更多。他们表面上看不好相处，但真的遇到事情时，便挺身而出、解决麻烦，使周围的人受益。

反内耗心理学

当然,强势者也应该把握好尺度,发挥强势的积极作用,远离强势误区,这样才能做有话语权的强势者。

皮格马利翁效应：用积极的声音武装自己

皮格马利翁效应，简单来说就是一个人期望什么，就会得到什么。很多时候，如果我们充满信心地去期待某种结果，那结果就很有可能会跟预期的一样。

在做一件事情之前，很多人都会说"这件事太难了""我可能没有办法完成"……实际上，这种话一出口，就会形成一种自我暗示，会让人在潜意识中认为自己根本完不成这件事，故而在做事的过程中，也就不会拼尽全力。如此，最后的结果十有八九便是失败。而与之相反的，当遇到一件困难的事情时，如果我们告诉自己"其实，没有那么困难""这点儿小事，我肯定能解决"……那么，最后的结果往往会如我们所愿。

心理学家马尔兹说:"我们的神经系统特别蠢,你用肉眼看到一件事时,你觉得它是一件喜悦的事情,神经便会给出喜悦的反应;你觉得它是一件忧愁的事情,神经便会给出忧愁的反应。"同理,假如你一直对自己进行积极的自我暗示,就可以所向披靡、好运连连、战无不胜;假如你一直对自己进行消极的自我暗示,就会因内耗而一事无成。

积极的自我暗示可以产生强大的能量,能让我们无论做任何事都保持积极的心态,进而成为情绪的"操盘手"。

因此,在日常生活中,无论面对什么样的人、什么样的情况,我们都应该遵从那些积极、正面的暗示,保持一种乐观、低内耗的心理状态。当我们习惯对自己说"很好""不错""会好起来的"这类话时,我们的神经系统与机体功能就会进入良性循环,我们便能拥有健康的身体、快乐的心情和幸福的人生。

第二章

潜意识情绪对抗:你还在被 1% 的坏情绪影响吗

好奇心不一定能害死猫,但完美主义一定能造成情绪内耗。一旦不幸中了完美主义的"毒",人们就会陷入潜意识情绪对抗,不停地因为一些小事为难自己,这时,我们就会被 1% 的坏情绪左右,进而损害自己的身心健康。

低内耗从接纳自己的不完美开始

完美主义，意思是做事情要么就做到极致，要么就干脆不做，这句话是完美主义者奉行的准则。

对很多人来说，拥有完美的人生是他们努力的目标。他们想要工作优秀、婚姻幸福、身体健康、朋友多多、四处旅游、灵魂自由……但是，生活并不以个人的意志为转移，总会给你带来这样或那样的意外，让我们陷入焦虑和恐慌的内耗情绪。因此，学会接受生活中的不完美，才能做到不内耗或低内耗。

法国著名作家大仲马说："人生是一串由无数的小烦恼组成的念珠，达观的人通常会笑着数完这串念珠。"人生没有十全十美，总会出现这样或那样的缺憾。当遇到不好的事情时，一个人如果不想面对，选择做一只鸵鸟，那么他就会产生惶恐、抱怨的负面情绪，进而陷入无休止的内耗。

生活中的烦恼确实会令人不愉快，但是正因为如此，才能够证明我们存在的意义。人生的本来面目就是"不完美"，我们因此产生负面情绪，其实就是在不断地进行自我否定。

面对人生的不完美，我们应该试着去接受。当然，接受不完美并不意味着毫无作为或者听之任之，因为那样无异于放弃自己的人生。我们应该抱着一颗平常心去积极地面对问题，然后尽可能地去解决问题。如果我们整日被抱怨、懊恼的坏情绪左右，那么我们的人生就会因陷入内耗而越来越糟糕。

俗话说："人生的经历没有好坏之分。"只有用积极的态度对待每一次挫折，我们才能够发现自己的不足或缺点，进而及时改正。这样，我们也才能真正远离内耗，变得强大起来。

当然，除了要接受不完美的人生，我们还要试着接受不完美的自己。有一些人总认为自己不够好，不够完美，总是要求自己"必须做到完美""必须得到大家的认可""一定不能让领导挑出一点儿毛病"……因为有了这样的念头，所以这些人通常过于在意外人的评价或一件事情的结果，他们觉得自己一定要成功，一定要表现得完美无缺，否则就会成为别人的笑柄。

在这种完美主义心态的影响下，完美主义者在做事情的时候

就容易产生焦虑、敏感的情绪，尤其是需要做决断时，常常会表现得优柔寡断、踌躇不定，并因此陷入极大的情绪内耗。

事实上，完美主义者在心理上都有一种病态的"耻辱感"，他们大多自卑、多疑、多虑、喜欢争夺，并且非常敏感狭隘，在他们眼里，几乎每个人都是他们的竞争对手。因此，他们无论做什么都力求完美，希望通过完美来证明自己的优秀和强大。

完美主义者通常无法接受自己犯错，一旦犯错就会变得焦虑不安，并且会不断地自责和自我批判。因此，他们在工作中常常会拖延，并陷入"开始前满怀信心—准备时间过长—任务逾期完成—决心下次不再拖延"的怪圈。

世界上不存在完美的人和事，正是因为各种不完美，我们才有机会感知人生的意义和乐趣，感受世界的多姿多彩。其实，心理学家发现，坏情绪的占比仅有1%，所以你因为不完美而产生的自卑、焦虑简直无足轻重。当白天的错误和遗憾让你感到焦虑时，我建议你在晚上临睡前躺在床上跟自己进行五分钟的对话，问问自己："我今天为什么不开心呢？今天出现了什么问题？"然后，进行自我检查和细节剖析，寻找问题的真正原因。最后，进行积极的自我暗示："我相信自己的能力，下一次我会更谨慎，避免出现这种问题。"

坚持这样做一段时间后，你就会发现，人生中的那些不完美都是可以接受的。而当你接纳了不完美的自己,你就会活得坦然、自在,内耗随之降低。如此,在以后的生活中,无论遇到什么样的困难和挫折,你都能有足够的心力去应对和战胜它们。

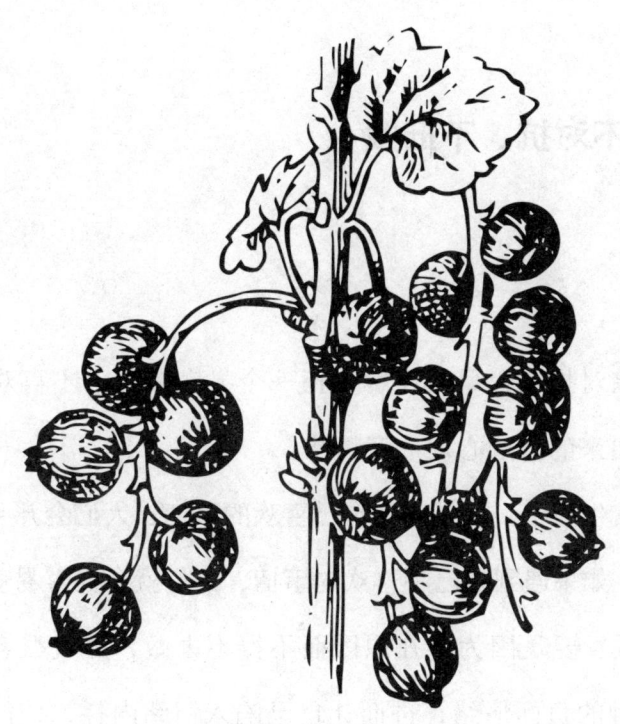

做到不对抗、不抵触

"情绪对抗"，很好理解，指一个人在做自己不喜欢的事情时，表现出来的抵触心理或者情绪。

在日常生活中，如果遇到自己喜欢的事情，人们会开开心心地投入其中；如果遇到自己不喜欢的事情，人们就会很容易变得没心情、不想做。要是因为外在原因而不得不去做，那就很容易产生对抗和抵触的负面情绪，进而让自己陷入情绪内耗，使能量越来越弱，很多工作和生活中的正常事情都应对不来，导致自己的人际关系变差，整体运势下滑，各方面一团糟。

所以，不论遇到什么事情，我们都应该将情绪表达出来，而不能选择情绪对抗。越是遇到重大问题，我们越应该控制好情绪，而不是情绪化地去处理事情，否则只会让事情变得更糟。

越是遇到不喜欢的事情，我们越要想办法调整自己的情绪，不让自己被 1% 的坏情绪左右。因为带着对抗的情绪去做事情，我们的抵触心理就会越来越严重。而这种消极的状态很危险，会大大增加我们犯错的概率。

在遇到不高兴的事情时，我们出现对抗情绪很容易造成时间和精力的浪费，引发情绪内耗。其实，我们完全可以将不愉快的事情视为一次锻炼，甚至一次经验的积累。当学会转换心态后，你就会发现那些自己不喜欢做的事情，并没有想象中的那样让我们难以接受，只要多付出一点儿耐心和努力就能完成。

虽然已经发生的事情无法改变，但是我们可以试着改变自己的态度和心情，以积极的心态去面对负面情绪。在遇到不愉快的事情之后，先解决情绪问题，做到不抵触、不对抗，这样我们就不会被 1% 的负面情绪影响。

 野马结局：不做"愤怒的野马"

有些时候，人们会因为一些微不足道的事情而大动肝火，假如不能及时控制自己的情绪，事态便会愈演愈烈，甚至会造成严重的后果。

比如：在埋头加班的某个夜晚，办公室忽然断电了，你的电脑自动关机，刚做好的策划案由于没来得及保存，因此一晚上的努力都白费了。此时，你没有想着怎么弥补，而是心情烦躁、生闷气或者给朋友打电话抱怨。这种现象就被称为"野马结局"。

在非洲大草原上，野马经常会遇到一种吸血蝙蝠，它们会叮在野马的腿上吸血。吸血蝙蝠把野马的血当作食物，无论野马怎样暴怒、狂奔，它们依然坚持吸饱之后才离开。因为拿这些"家伙"没办法，因此，很多野马都被活活折磨死。

后来经研究发现，这些吸血蝙蝠吸走的血量其实非常少，对野马来说不足以致命，真正导致野马丧命的，是它们被叮咬后的暴怒和狂奔。

换句话说，吸血蝙蝠仅仅是野马死亡的诱因，而野马被叮咬后产生的剧烈情绪反应，才是导致它们死亡的直接原因。

心理学家经研究发现，一般人大概有三分之一的时间处于情绪不佳的状态。因此，人们常常需要跟那些消极情绪博弈。也就是说，越是喜欢计较小事的人，越容易生气。愤怒这种情绪，往往在大脑处于亢奋时出现。当愤怒演变为大动肝火之后，我们的大脑就不能正常工作了。因为不想自己被愤怒这把火烧死，所以人们会选择尽情地发泄，甚至严厉地指责别人。

我们经常会听到有人说"太气人"这句话，因为被别人抱怨了一句或者被陌生人不小心踩了一脚，有些人就会生气。爱计较、爱生气的人每天都在愤怒中度过，他们的血液里似乎充满了愤怒的因子。

你认识患有"路怒症"的司机吗？在开车的时候，有的人会因为红灯、堵车、被超车等事情而忽然变得情绪恶劣，口出恶言。这就是典型的"路怒症"的表现。

莎士比亚在《莎士比亚文集》中写道："千万别因为你的敌

人燃起一把火，你就把自己烧死。"如果一个人因为别人的过失而生气，那他无疑是在用别人的错误来自我内耗，最终受伤害的只有自己。

很多时候，我们会下意识地启动自我补偿心理机制：同一件事情，如果发生在自己身上就是情有可原，如果发生在别人身上就不可饶恕。比如：我们走在路上，不小心碰了别人一下，就一笑而过；而假如别人碰了我们一下，那我们或许就会找对方理论。

事实上，这样的小事情在生活中很常见。我们如果试着不去计较这些小事，就会发现自己内耗小了，生活变得轻松了、美好了。马克·吐温曾说："紫罗兰将香气留在那踩扁了它的脚踝上，这被称为宽容。"

在日常生活中，发生不愉快是司空见惯的现象，因此我们需要凡事想开点儿，不要对那些小事耿耿于怀，免得影响自己的身心健康。凡事多一分谅解和宽容，这不是放过别人，而是放过自己。

"野马结局"告诉我们这样的道理：外在事物并不能直接伤害我们，而我们对这些事物持有的不良信念与态度，才会让自己受到伤害。如果一个人不能控制情绪，那么他就要做好为恶劣情绪造成恶劣后果买单的准备。

没事不找事,烦恼都是找来的

在微博上看到过这样一个话题:什么样的情况才算最糟糕?有位博主的答案是"自己没事找事的情况最糟糕"。很多时候本来什么事都没有,而我们却胡思乱想、疑神疑鬼,认为自己受到了伤害,结果把自己和身边的人都折磨得伤痕累累。

当一个人进入多疑猜忌的状态时,别人的一个眼神、一句话都能让他浮想联翩,觉得别人对自己有意见或不怀好意。这种人明明跟他人相处得还算融洽,却很容易在脑海中设想别人跟自己水火不容的样子,长此以往便形成了一种错觉,即认为别人说话做事都在针对自己,必须给予回击。因为开始有了和别人为敌、为难别人的念头,所以人际关系就变得越来越差,朋友圈也越来越小。

大致而言，我们身边的人可分为两种：一种是先看见后相信；另一种是先相信后看见。

万事万物间都是有联系的，我们的心理状态直接关系着我们待人处事的态度。因此，当一个人的心态偏激、不理智的时候，其为人处事的方式也会随之出现偏颇，进而导致在生活与工作中出现严重内耗。

其实，我们的生活往往并没有想象中那么糟糕，许多痛苦都是自己没事找事找来的。如果不信，那么你不妨想一想，那些以前让你感到困扰和焦虑的事情，有几件真的变成了现实？

生活在快节奏的社会，我们需要承受的压力已经很大了，没必要再幻想出一些莫须有的烦恼来增加内耗。因此，我们要理智一些，相信自己的生活是开心自在的。要知道，造成高内耗的往往不是事情本身，而是我们对待事情的态度，幻想出来的烦恼是造成内耗的直接原因。

生活和工作中的压力确实存在，但也正常，如果我们能保持一个好的心情，那我们的生活和工作就都能轻松些。而要想带着好心情在职场拼搏，我们就要学会自我调节，适时地放自己一马，不跟自己较劲，这样才能远离内耗。而不跟自己较劲，最主要的就是要时刻保持情绪稳定，不为得不到而难过，不刻意追求过高的目标，把该做的做好，保持内心的平和与快乐。

另外，要想有个好心情，对于那些不涉及原则的事情，即便不合自己的心意，我们也可以做到不较劲。事情会有对与错、好与坏，我们的情绪也会有快乐与痛苦，且这些情绪会在我们的成长过程中来了又去，去了又回，如此反反复复，始终与我们如影随形。因此，我们只有善于调节自己的情绪，才能云淡风轻地待之，进而过上无内耗或低内耗的生活。

跟自己较劲只会让我们变得拧巴，它不能帮我们理性、正确地处理事情，反而会让我们越来越偏执，内耗越来越严重，能量越来越弱，这又是何必呢？

仔细想想，生活中真的没有那么多令我们不开心的人和事。有时，我们因为一些小事而烦恼，都是得不偿失的。拥有健康情绪的诀窍很简单：断、舍、离。首先，不理智的想法要断绝；其次，浪费在小事上的纠结要舍弃；最后，那些令我们的情绪变得糟糕的人和事要远离。做到了这三点，便是智慧地生活。也只有真正做到断、舍、离，将心态放正、放平，我们才能告别心中的小格局，远离小情绪的困扰，进而成功摆脱内耗的情绪，从而过上幸福、快乐的生活。

第三章

驶出情绪的单行道,让你的情绪转个弯

上天给了我们独立思考的大脑,让我们来捕捉生活中的美好,遗憾的是,大部分人用它来研究生活中的不如意。当你驶入情绪的单行道,陷入情绪的内耗时,请你换一个角度来思考问题,让自己的情绪转个弯。

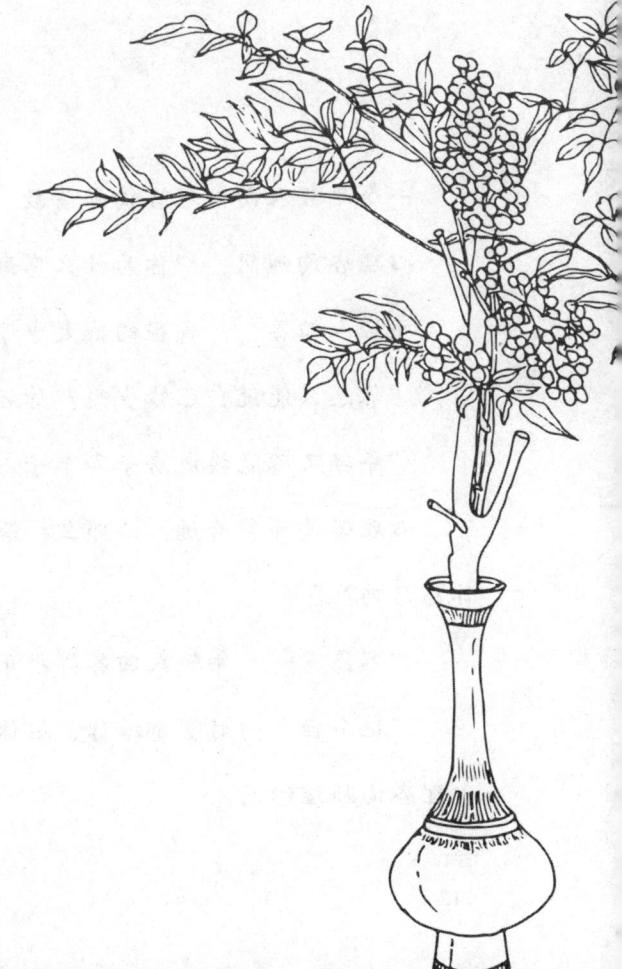

情绪困扰初体验

一个年轻人向心理咨询师请教。

心理咨询师问:"你为什么感到失意?"

年轻人回答:"我赚的钱太少了。"

"你怎么能说自己钱少呢?你还这么年轻。"

"年轻又不能换成房子和车子。"

心理咨询师笑着说:"那么,给你500万元,让你卧病在床,你愿意吗?"

"不愿意。"年轻人回答得很干脆。

"把全世界的财富都给你,但你得成为植物人,你愿意吗?"心理咨询师继续问。

"我都躺那儿了，要全世界的财富有什么用？"

"这就对了，你现在还年轻，有旺盛的生命力，年轻就是最宝贵的财富，怎么能说自己没钱呢？"

听完心理咨询师的话，年轻人又重新对生活充满了信心。

其实，穷与富只是一个相对概念，并没有客观的评判标准。一个人就算没有多少物质财富，但他只要拥有青春和活力，有奋发进取的精神状态，我们就不能说他穷。只要热爱生命，我们就会感到充实和富有。美国心理学家艾里斯提出"情绪困扰"的概念，他认为，引起情绪结果的因素并不是某个事件，而是这个人的信念。

现实中有些遭受挫折的人通常会觉得自己很倒霉。其实，他们的这些烦恼和不快，往往跟自己看问题的角度有关。而一个人能否战胜挫折，关键就在于自己的情绪。在任何情况下，如果一个人能不被一时的失意和不快左右，能够怀着希望和信心去面对现实和未来，他就能驶出情绪的单行道，摆脱内耗的情绪困扰，拥有快乐、富足的生活。

我们免不了会遭遇挫折，关键是我们要保持一种积极的心态，而不是一味地让自己陷入坏情绪的泥沼，以致每天内耗自己。其实，人生中很多幸福都是换个念头后得来的。求爱失败或许是命运在暗示你：你现在还不够优秀，等你在工作上有所成就后会发现你当初求爱的那个人依然单身。

其实，很多事情并没有我们想象的那么糟糕，换个角度看，也许不如意就会远离我们。想要追求幸福的生活并不难，让自己的心灵从悲观的圈子里跳出来，让情绪转个弯，你会发现幸福就在触手可及的前方。

就同一件事情而言，想得开就一片坦途，想不开就持续内耗。任何事情都有其两面性，假如只盯着事情不好的一面，那么你就会一直被困在情绪的单行道里，如此下去，你将永远陷入情绪的内耗，得不到自由。

生活中的困难和挫折就像纸老虎，并没你想象中的那么可怕，只要让情绪转个弯，你就会发现眼前一片开阔，内耗也戛然而止。

低自尊是内耗最高的情绪体验

一个人对自我价值的判断、对自我的总体评估往往代表着这个人的自尊水平。假如一个人对自己的评价低于客观情况,那他就是一个低自尊的人。

这类人拒绝获得更好的生活,并不是因为美好的生活遥不可及或高不可攀,而是觉得自己应该拒绝,因为他们潜意识里觉得自己不配。就算美好就在眼前,唾手可得,他们也觉得自己不够好,甚至会生出一种羞耻感,为自己的价值不能跟美好的事物相匹配而感到羞耻。心理学家发现,这种情绪体验令人心碎,而且是引发内耗最大的一种情绪。

低自尊的人也许没做错什么,或者根本什么也没做,但对他

们来说，仅仅是"我不够好"的认知就已经让他们感到羞愧。这绝不是一时的矫情和低落，"我不够好"会渗透在低自尊者生活和工作中的方方面面，随时影响着他们的想法和行为。

（1）低自尊者不喜欢自己，也觉得没有人会喜欢自己。因为自我评价过低，低自尊的人很难产生积极的情绪，他们不仅轻视自己，还因为这种轻视而厌恶自己。连自己都不喜欢自己，他们更不认为别人会喜欢自己。

（2）低自尊者对负面评价极为敏感。他们在意自己的缺点，更关注错误和失败。对于别人的评价，他们也会区别对待，对赞扬视若无睹，对批评以偏概全。无论听到多少赞美的声音，他们都只会关注别人的不认同，并且耿耿于怀。

（3）低自尊者会经常有回避行为。因为感受不到别人的认同，也不相信别人会喜欢自己，所以他们喜欢躲在安全地带，以回避那些可能给自己造成的伤害。

"我不够好"这种情绪体验并不是天生的，跟童年的经历有关，比如那些长期生活在批评多于表扬环境下的孩子，因为得不到支持和肯定，渐渐认为自己不值得被爱。假如没有其他人给他积极的关注和正向的肯定，他就会慢慢形成"我不够好"的核心信念，逐渐成为一个低自尊的人。

由于低自尊不是一日形成的，因此，要想消除"我不够好"

的观念，提高自尊水平，就需要持续努力。下面给大家介绍几个提高自尊水平的小建议。

1. 承认低自尊的存在

因为不愿意面对"我不够好"的"事实"而产生羞耻感，很多人会否认自己低自尊。不过，意识到这种想法的存在就是好的开始，因为我们不再跟这种虚无的想法内耗，而是有针对性地去改变这种以偏概全的念头。

2. 懂得区分

"我不够好"和"这件事我做得不够好"是不一样的。低自尊者往往模糊了这两个概念，因为个别事件的做不好和失误就全面否定自己，这反而强化了"我不够好"的念头。当把事实跟"我不够好"的错误认知区分开来，我们会发现，"我不够好"不过是一个缺乏事实支撑的"假情绪"。

3. 自己爱自己

虽然一个人的低自尊源于童年阴影，但我们已经成年，没有必要从他人身上寻找无条件的爱来填补缺失，在意他人的言行同样会导致高内耗。所以，我们要做的是自己爱自己，给自己更多关注。当从生活中找到成功和做得好的地方时，我们就会发现，原来人生并没有被失败和"我不够好"填满，那些闪光时刻代表"我真的很好"。

由低自尊而产生的"我不够好"的念头是可以治愈的,假如你已经意识到这种内耗最高的念头,并愿意付出努力去改变,那你一定能找到自己的闪光时刻,并重新建立"我真的很好"的情绪体验。

当你迷茫时，要给自己尝试的机会

大部分年轻人的生活状态都是迷茫的，找不到目标。不知道你有没有五年、三年或一年的目标？可能很多人都处于无目标的迷茫状态，每天忙忙碌碌，但不知道忙的意义在哪里，感觉自己像个工具人。

每个人都可能出现对现在和未来的模糊感及不确定感，甚至不是阶段性的现象，迷茫这种状态往往会存在于很多人的青春期、后青春期，甚至中年阶段。

各种媒体、励志人物都在说生活一定要有目标，否则人生就像失去方向的航船，永远抵达不了对岸。这话说得很对，所以很多人因迷茫而慌张、焦虑，更为严重的是，有些人因为不愿意接受现在的模糊感和无目标状态,但又无力改变,由此陷入了无尽的内耗,让自己的身心、工作和生活都一团糟。

我想大家都经历过面试,我们在面试官面前也都信誓旦旦地谈过自己的理想,但这些话大多都是我们为应付面试而准备的,一般过后都会忘记,也从来没有私下认真确定过是否真有那么远大的理想,是否知道自己想要什么。其实,暂时没有找到人生努力的目标也没有关系,因为目标的出现需要一个过程,需要我们经过长期的学习、成长、探索和尝试来发现。即使没有找到目标,我们也一定要接受自己的迷茫和无措,这样才能避免因此带来的内耗。

有位心理学家说过:"接受暂时的模糊状态本身就是一种成长和精进,你还没有目标,说明你还没有准备好。"迷茫也并不意味着退步,也许我们能在迷茫中厚积薄发。人们陷入焦虑也往往不是因为没有目标,而是因为无法接受自己无目标的状态。因为没有目标而陷入迷茫的人,首先要做的就是接受迷茫的自己。

在目标出现之前,我们往往要经历一段黎明前的黑暗。在黑暗中,有的人淡定坦然、默默耕耘,有的人却慌张无措、忧心忡忡。我们越不能接受黑暗,就越容易遭到黑暗的戏弄、恐吓。从时间相对论的角度来理解,我们越无法忍受什么,忍受的过程就会越漫长。同样的道理,迷茫的程度也并不是由无目标状态直接决定的，而是取决于我们对迷茫是抗拒还是接受。可见，越抗拒就会越迷茫，接受迷茫，我们的迷茫反倒会少一些。

当然，接受迷茫和无目标仅仅是第一步，我们接下来还要对现在的生活做出一些思考和改变，然后去努力和尝试。

接纳了迷茫的自己之后，请一定不要吝啬尝试，因为尝试会让我们离目标越来越近。

如果你还不知道自己想要达到什么样的目标，那不妨趁着大好时光去体验其他可能让自己感兴趣的领域。不指定方向的行动虽然只是一次小小的尝试，却很可能会帮你打开新世界的大门。

我们不知道哪一次尝试就让自己接近了那个适合自己的目标，并且随时有可能突破当下的迷茫，所以我们要勇于尝试。心理学家格桑泽仁告诉我们："迷则行醒事，明则择事而行。"意思是说，人在迷茫的时候，就去做那些明显是对的事情；在明确自己想要什么的时候，就要从对的事情中选择对自己更有利的事情去做。

深陷迷茫的人每天都高内耗，他们把迷茫等同于停滞不前、日复一日、毫无改变。其实，迷茫者是有选择的，只要做那些明显对的事情和很简单的事情就可以。我曾认识一个编辑，他有一次趁休假时去西藏徒步旅游，回来后尝试写了一本游记，结果发现自己还挺喜欢写游记的。于是，他把旅游方面的内容当作写作方向。到现在,他已经出了十几本旅行笔记,反响都还不错。

请不要忘记,一个人脚尖的朝向就是他所选定的方向,我们所走的每一步都关系到最后的结局。因此,即便是迷茫中的人,也可以先接纳自己的状态,然后尝试给自己创造机会,找一件明显对的事情去做,这样才能不因碌碌无为、毫无方向而内耗。

开局一座山，也不钻牛角尖

一只老鼠钻进牛角尖，一直钻到没有路了，却还是闷头往里钻。牛角就对老鼠说："兄弟，请你退出去吧！这是牛角啊，你越往里钻，路越狭窄。"

老鼠生气地说："哼！百折不屈说的就是只前进，不后退的！"

牛角非常无奈，对老鼠说："可是你走的路是错的啊！"

老鼠说："我从出生就在钻洞过日子，怎么可能错呢？"

于是，老鼠还是坚持自己的想法，使劲儿钻。结局可想而知，最后老鼠被活活闷死在牛角尖里。

在现实生活中，有些人跟上面的老鼠何其相似，自己钻进了

牛角尖，却固执地不肯回头，最终造成巨大的内耗。

人生在世，即便真的像游戏中那样开局一座山，会遇到各种各样的事情，但我们也不能钻牛角尖，因为很多事情都是我们无法掌控的。就像前辈告诉我们的那样："你可以掌握自己的小情绪，情绪稳定者才能全力施展各种游戏技巧，为了柳暗花明而奔跑。"我们的心很小，有些事情不必太在意得失，凡事看开一点儿。人应该活在当下，珍惜那些自己拥有的。我们的心很大，既然已经失去，请学会坦然面对。

很多年轻人都有在情感中挣扎的经历：为了心仪的人而忘记了自我，为了对方不顾一切，执着到甚至连生命都可以舍弃。后来才发现，自己当时那样真的有点儿蠢。执着有时也许能带来美好的人生体验，但如果过分执着，就是钻牛角尖，这样不仅没办法实现自己的人生理想，反而会给自己带来麻烦和灾难。

当情绪失控时，我们通常会认定自己是个受害者，并且下意识地合理化自己的负面情绪和感受。随着痛苦、委屈的加重，我们就会开始胡思乱想，强化自己受害者的身份，整天怨天尤人，甚至仇恨那些曾经伤害过我们的人。深陷情绪旋涡的人，就像蚕蛹一样，不停地编织着一个个精致又牢固的茧，在内心的世界独自烦恼。所以，人要成为情绪的主人，别再做被情绪控制的奴隶。要明白被情绪左右的人不能决定自己的命运，情绪稳定的人才能拥有低内耗的人生。

有些事情是我们不能控制，也无法改变的。对自己要求高是好事，毕竟每个人都想过得更好，但不管什么事都要有一个度，过了反而会产生内耗。如果一味强求，抑郁、绝望、焦虑等情绪便会将你淹没。所以，年轻的朋友，请敞开你的胸怀，千万不要钻牛角尖，这样才能拥有稳定的情绪，避免内耗。

做比较不能盲目，参照物要选好

心理学家认为，做比较是人类的本能。从某种意义上来说，做比较是人类进步的动力，但不能盲目。也就是说，不是什么都能比的，而是应该客观、理智地选择参照物，否则就会迷失自我，掉进高内耗的无底洞，因比较而生出无限烦恼。

其实，幸福感是由心而发的，就在我们触手可及的地方，很容易获得。可有些人却不满足，希望比任何人都幸福。但俗话说得好："山外有山，人外有人。"因此，即使你认为真的比一些人幸福了，实际上也永远会有另一些人在你看来要比你幸福得多。可见，幸福是个人的感受，是无法比较的。

除了比幸福，很多人还会在意别人比自己优秀的地方，并因此产生不平衡的心理。其实，这种以己之短比人之长的做法只会带来巨大的内耗，给自己增添无谓的烦恼。因为每个人都有长处，即优秀之处，但每个人也都有短处。因此只有懂得欣赏自己的长处，全面地看待他人，我们才能不盲目生起忌妒、怨天尤人等不平衡心理，从而避免内耗。

俗话说："闪闪发光的金子，代替不了生铁的用途。""尺有所短，寸有所长。"可见，每个人都有自己特定的作用，且每个人都有优缺点。因此，生而为人，我们不能和别人比幸不幸福，而应该比是否有积极的态度、强烈的上进心、乐观的心态等一些可以让我们远离内耗、增强自身能量的东西。只有我们整个人是向上且充满生机和活力的，我们才能拥有幸福美好的生活。

"全都完了"的想法要不得

有些时候,我们的脑海中会出现"全都完了"的想法。人生中会遇到许多困难,但是,再艰难的境地都不意味着无路可走。我们可以咬紧牙关坚持一下,往前一步可能就是柳暗花明;我们也可以调整方向,换个角度,走出一条全新的道路。总之,只要不是抱着"全都完了"的灰心丧气的想法,而是积极行动起来,无论选择哪种方法,都能走出困境。

贝多芬是德国著名的音乐家,他在二十七岁的时候患上了耳疾,而且越来越严重。听觉是音乐的灵魂,对于音乐家来说,太重要了。曾经,贝多芬也一度有过轻生的念头,但后来,他对自己说:"我要扼住命运的咽喉,它绝不能使我屈服。"最后,他不仅没有放弃音乐，反而为全世界创作出伟大的《命运交响曲》。

在生活中，总会发生一些令我们意想不到的灾难，我们不可能每次都能幸运地躲过。但是，也没必要因为灾难而恐慌，生出"全都完了"的丧气想法。巴尔扎克曾说："绝境是天才的进身阶梯，信徒的洗礼源泉，能人的无价宝物，弱者的无底深渊。"纵观古今中外，那些伟大的人物之所以能取得非凡成就，靠的不仅仅是普通人无法企及的聪明才智，更多的是在逆境甚至绝境中比其他人更多的忍耐和坚持。如果人生中没有磨难，那这本身就是一种磨难，因为许多非凡成就也不会出现了。

在《报任安书》中，太史公马迁说："盖文王拘而演《周易》；仲尼厄而作《春秋》；屈原放逐，乃赋《离骚》；左丘失明，厥有《国语》；孙子膑脚，《兵法》修列；不韦迁蜀，世传《吕览》；韩非囚秦，《说难》《孤愤》；《诗》三百篇，大抵圣贤发愤之所为作也。"而司马迁本人受到宫刑这样的奇耻大辱，也没有放弃对《史记》的编写。没有司马迁的忍辱负重，就没有被赞为"史家之绝唱，无韵之离骚"的史学巨著。

遇到困境，如果想坚持原本的道路，就需要坚定的信念来支撑。而换个方向，重新出发，则是一种圆融的智慧。在困境中不断徘徊只会造成内耗，情绪稍稍转个弯往往会柳暗花明。

俗话说："旧的不去，新的不来。"这一次的失去通常是为

了下一次更好地得到，并不是落入"全都完了"的境地。

在生活中，谁也不可能完全避免失败。当遭遇失败时，我们完全不需要绝望，试着将"全都完了"的想法扔到一边，冷静地分析失败的原因，换一个角度来思考问题。这样，我们就能远离内耗，走向成功。

其实，人生的每一天都会迎来一个新的高度，就算是大发明家爱迪生，也不是一次就将电灯发明出来的。幸运的是，他从来没有因为失败而懊恼。实验室被大火烧了之后，他仍然淡定地说："这把火烧光了我所有的错误，明天又可以重新开始了。"所以，在遇到失败或困境时，我们应该把悲伤和痛苦留在原地，杜绝"全都完了"的想法，把这次的失败或困境视为一个新的开始的契机，然后给自己选定一个新的方向，重新向着美好的未来前进。

第四章
负面情绪有点儿多,那就给情绪"放放水"

当人的情绪处于激烈状态时,人体就会分泌大量的肾上腺素,大脑也处于亢奋状态。这个时候,我们看全世界都不顺眼,也觉得事事都不顺心。如果任由这样的情绪发展下去而放任不管,人就会不停地内耗,各方面的境遇也会变得越来越糟糕。因此,当负面情绪超载时,请一定给情绪"放放水"。

超限效应：负面情绪可以有，但更要有诗和远方

超限效应是一种心理现象，指刺激过多、过强或作用时间过久而引起的心理方面的极不耐烦或逆反。比如，在工作过程中，如果上级领导就一个错误反复对员工进行批评，就容易让员工心生反感，甚至产生超限效应，使得工作结果离领导要求的越来越远。再比如，父母对子女出于好意的唠叨，因为太啰唆也容易让子女叛逆，进而出现与父母的期盼相反的结果。又比如，大街上那些"紧追不舍"的销售员，想多说两句来感动客户，而人们往往会因被打扰或不耐烦而走得更快、更远。

幽默大师马克·吐温也有过类似的经历：

马克·吐温是虔诚的基督教徒。有一次,教堂有募捐活动,他便去听演讲。刚开始时,牧师讲得激情洋溢,马克·吐温觉得牧师讲得特别好,让他特别感动。于是,他打算一会儿捐款的时候拿出一百美元。

但是,十分钟过去了,牧师依然满怀激情地演讲,一点儿停下来的迹象也没有。于是,马克·吐温开始有些不耐烦,觉得牧师的声音有些聒噪,决定一会儿捐款的时候就拿出二十美元。

然而,又过了十分钟,牧师的演讲还在继续。此时,在马克·吐温的眼中,刚开始那个和蔼可亲的牧师已经变成了面目可憎的人,而且他一点儿捐款的想法都没有了。

等到牧师的演讲终于结束了,进入募捐环节时,马克·吐温已经完全被烦躁、气愤所左右,不仅没有捐钱,还从盘子里拿了两美元。

在日常生活中,"超限效应"的现象也很常见,最经典的就是电话推销。大部分人都遇到过这种苦恼,推销人员一次又一次地打电话骚扰,拉黑一个还会有下一个。第一次接到这种电话,我们可能会委婉地拒绝对方,但如果次数多了,可能还没等对方说第二句话,我们就不耐烦地挂掉了。

"超限效应"告诉我们,反复用同一件事情去麻烦别人很容易引起别人的反感。除此之外,"超限效应"还会使人们被负面情绪包围,产生严重的内耗。这时候,假如没有比之前更为强烈的刺激出现,我们很可能就会一直沉浸在坏情绪中无法解脱。

当然,这种情况是很危险的。因为当人们情绪低落时,各种负面想法和信息就会控制大脑,这对身体健康非常不利,容易让人产生抑郁,甚至让人有轻生的念头。

学会感知自己的情绪非常重要。当被负面情绪包围的时候,如果我们能够及时察觉"超限效应"的存在,并及时调整自己的状态,我们就能够避免负面情绪带来的内耗。

"这个世界不仅有眼前的苟且,还有诗与远方。"在遇到不开心的事情,或有了负面情绪时,不妨想想你的诗和远方,只要及时找到自己喜欢的事情,就能打破"超限效应"的魔咒,迎来快乐的生活。

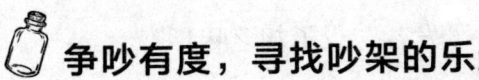 争吵有度，寻找吵架的乐趣

去过陕西的人大多都接触过"秦腔"。著名的"陕西八大怪"中，第八怪就是"秦腔不唱吼出来"。到了晚上，尤其是夏天的晚上，只要你走近公园或休闲广场，就一定会听到被人戏称为"叫破天"的吼秦腔。秦腔之所以不叫"戏"或者"剧"，可能就是这个原因吧。跟京剧、豫剧、越剧等剧种比起来，秦腔的确很不一样，别的剧种都是在"唱"，秦腔却需要卖力地"狂吼乱叫"。

第一次见到吼秦腔阵势的人，多半会被"吓"呆。但是秦腔能流传至今，并且深受陕西人民的喜爱，肯定是有原因的。最主要的就是，吼出来的感觉太美妙了。不是吗？当压力太大或者心情不好的时候，有些人会忍不住大吼大叫。虽然听起来有点儿吓

人,但吼叫过后,情绪就能平复一些。

秦腔可以吼出心中的不平,其实"吵架"也可以。怎么说呢?假如遇到不愉快的事,又实在没主意,可以跟自己或别人"吵一架"。别觉得吵架是一件坏事,就像情绪分好坏一样,吵架也是可以吵出快乐的。

吵架类似于牙齿和舌头的碰撞,经常会在不经意间发生。有位哲人说过:"吵架是盐,多了发苦,少了却乏味!"

不过,在吵架的时候一定要搞清楚一点,也是最重要的一点,那就是吵架的出发点是据理力争,这是一种沟通方式。吵架跟炒菜一样,要讲究"火候"。吵架吵不到点儿上,相当于没有吵,起不到疏解坏情绪的作用;而吵得过劲儿就"炒煳了",煳了就会有火药味。因此,吵架要恰到好处,适可而止。

在生活中,很多年轻人都不愿意吵架,尤其是在公众场合。一是觉得吵架这种行为太掉价,让人尴尬,丢面子;二是影响心情,容易让人赌气心烦;三是会破坏双方的感情。

其实,吵架并没有那么不堪,很多时候是我们自己太过在意周围人的眼光。也许你不信,吵架其实是我们生活中的一部分,出现在我们的工作、学习和日常生活中,出现在朋友、同事、亲人、爱人、陌生人之间。每个人都是独立的个体,也都有自己的想法和做事的方式,所以分歧、争吵会不可避免地出现。不过,大部分人争吵的目的都只是争论和探讨，或者说只是在宣泄情绪。

有人很会利用"吵架"这个工具，并将其作为生活中的一种沟通方式。

曾看过一个访谈节目：

一对六十多岁的夫妻，男士大器晚成，在文艺界很有名气；女士自称老太太，生活平淡，从独立女性到逐渐依赖丈夫。在介绍他们的生活和感情经历时，夫妻二人一言不合就争吵起来，但是吵过之后，他们又会相视一笑，瞬间恩爱如初。男士说："我们总是吵，家里家外都能吵起来，但是吵过之后两人很快就放下，谁也不会真的生气。这是我们之间独特的交流方式。"

有些夫妻吵了一辈子，但他们还是能相濡以沫地相伴一生。有些夫妻相敬如宾，结果没有几年就分道扬镳了。为什么？因为双方缺乏沟通。就算是吵架这种不太愉快的沟通方式都没有，当然就无法了解对方，时间长了，感情就越来越淡，分道扬镳也是必然。

当然，大家都希望身边的人能和睦相处，但我们每天遇到的事情太多，每个人的认知、经历和所处环境不同，加之每个人都会独立思考和判断，故而对待问题的态度也必然有所不同。这种

时候，争吵就是探讨，在争论中了解对方的想法，在对话中相互妥协，最终达成一致。

当然，争吵也是有限度的，过度争吵或因争吵引发冷战和其他严重的事情，就会引发高内耗和麻烦。

那么，吵架时该怎样把握尺度呢？答案就是，在争吵中，不要在意是否占据主导地位，而是要分析谁的观点是正确的，如何解决问题更加合情合理。这种吵架需要理智来配合，一旦失去理智，就会给双方造成伤害。

通过吵架来解决问题的人，肯定是非常有水平的。比如那些争吵到白头的夫妻、越吵感情越好的朋友等。为了让大家都利用好"吵架"这个工具，吵出益处、吵出和谐，在此我给大家提几个吵架的小建议，请大家参考。

（1）用"我觉得……"来表达情绪和观点。美国社会学家、人际关系专家珍亚格提出，吵架时要用第一人称表达观点，比如"我觉得被你伤害了""我觉得你的意见……"等，告诉对方这只代表你的个人感受。

（2）说话简洁明了。那些冷嘲热讽、指桑骂槐的话，只能传递你的坏情绪，很难让对方了解你的意图。如果想解决争议，最好直接切入主题，明确说出你的意见。

（3）就事论事，不涉及别人的隐私。即使各执一词，争吵很激烈,也不要谈及对方的隐私或一些私人问题。人身攻击对争吵毫无益处,只会让人对你失去信任。

(4)给对方机会说话。给对方同等的时间来解释、理论,并耐心倾听,同时寻找双方意见不合的真正原因,进而解决争端。

(5)互相留出缓冲时间。争吵的目的是解决问题,不是逞一时的口舌之快。给彼此留出缓冲时间,认真思考并回应对方的意见和看法,这样才能进一步解决问题。

(6)不摔东西,不动手。无论在争吵时有多生气,挥拳、吐口水、砸东西等行为都必须绝对禁止,因为任何非言语的坏行为,都只会让别人对你失去信心,增加敌意,因此要坚决避免。

把烦恼通通说出来

我们每天都免不了跟各种各样的人打交道，遇到的事也不可能都称心如意。日复一日积累的情绪就像水位一天天上涨的堤坝，假如不能得到有效宣泄，早晚有一天会决堤。因此，有什么烦恼最好及时说出来。

心理学家认为，把心里的烦恼说出来，是一种自我疗愈的方法。其实，你不必太在意面子，或害怕丢人，或觉得自己还没可怜到需要被别人怜悯。每个人都会遇到一些不如意的事，心里也或多或少会有一些伤痛。把烦恼说出来，并不意味着低人一等。实际上，大部分聆听者就算给不出解决烦恼的办法，一般也不会瞧不起我们。假如对方真的做出落井下石的事情，那这样的朋友不值得交。

吐露一次心声，看清一个朋友，也值得。因此，找个合适的时间，寻个合适的人，大胆地把烦恼说出来吧！

但是，在倾诉烦恼时，我们要注意一点，倾诉不等于一味地怨天尤人。我们不应该把所有产生烦恼的责任都推卸到他人身上，说人是非，道人长短，诋毁他人。否则，不仅会让听的人心生厌烦，也会让自己的烦恼情绪越来越多。

倾诉的重点是表达自己的情绪，比如受到了怎样的委屈，遭遇了什么样的困境，希望得到什么样的依靠和慰藉。

在诉说烦恼的过程中，我们也会像一位旁观者那样，从头到尾再一次了解我们的烦恼。有些烦恼可能是因为我们小题大做，可能是因为想得太多，可能是因为迁怒于别人，也可能是因为别人的无心之失。通过重新了解烦恼，我们会发现很多烦恼其实不值一提，完全没必要耿耿于怀。最后，我们能轻松摆脱烦恼的纠缠，不再因烦恼而内耗。

有一部老电影讲述的是一位知名商人，他在生意上成绩斐然，情感却陷入低谷。他想找个人倾诉一下心中的烦恼，但他觉得周围的人只对他的钱感兴趣，全部不值得信任。

由于长时间把苦闷憋在心里，这位大商人的性格越来越暴躁。甚至，他感觉自己再不说出来就要爆炸了。有一天晚上，他看着花园里的一棵树，觉得这棵树肯定不会把自己的烦恼泄露出去。

于是，他对着树把自己的烦恼倾诉了出来。然后，他的心情终于放松了一些。

这件事并不荒诞。尽管我们可能不会对着树去倾诉，但是，我们有些时候也会对着不会对我们有回应的事物聊天：年迈的父母想念异地儿女的时候，可能会拿起他们的照片来自言自语；小朋友受了委屈，可能会对着布娃娃或者小猫小狗念叨；还有很多人将烦恼写下来，通过文字来倾诉。这些做法都是在倾诉自己的烦恼，就算没有得到回应，也可以疏解心情。

所以，跟谁诉说不是重点，把自己的情绪表达出来才是最重要的。心理学家发现，我国女性的平均寿命普遍比男性高三四岁，除了男性在工作方面的压力比较大等原因之外，可能也有一部分文化因素。很多男性从小被教育"男儿有泪不轻弹"，有苦有累自己担着，导致内心的压力越积越大。多是闷葫芦性格的男性容易负面情绪过载，而那些时常絮絮叨叨的女性反而内耗很低。

因此，朋友，把烦恼通通说出来吧！倾诉不仅可以解开心灵的束缚，让内心深处被阳光照耀，还可以让我们不再那么孤独。就算对方没有回应，我们的情绪也已经得到宣泄。

工作再忙，也要培养一两个兴趣爱好

孔子在《论语·雍也》中说："知之者不如好之者，好知者不如乐之者。"意思就是说：对于任何学问、知识、技艺，知道它的人比不上爱好它的人，爱好它的人又比不上以它为乐的人。

所以，无论做任何事情，对事情本身感兴趣特别重要。兴趣，又称"爱好"，是指一个人接近、探索、探究某种事物和从事某种活动的态度与倾向。当我们对某种事物感兴趣时，我们就会主动接近这种事物，对其表现出极大的热情，并积极参与相关活动。而且，人们在做自己感兴趣的事情时，其心理状态也是愉悦的。

在很多时候，人们并不愿意闲着，而是愿意找一些自己感兴趣的事情来做，避免自己因为太过清闲而产生负面情绪。比如在

清晨，我们几乎每天都能在公园里看到一些大爷提着鸟笼唠着嗑，一些大姐、大妈组团跳舞、练操，他们的脸上还洋溢着快乐的笑容。因此，如果遇到了糟糕的事情，你不妨也找一些喜欢的事情做一做，转移一下注意力，这样你那些无处发泄的负面情绪就会得到疏解，也就不会一直因为烦恼的事情而内耗。

爱因斯坦曾经说过："兴趣是最好的老师。"兴趣爱好可以让我们暂时放下心中的忧愁，长期坚持的话，还可以提高我们的精神力，让我们能够更轻松地应付烦恼和困境。不同的兴趣爱好，对我们的身心会产生不同的影响。

比如书法、绘画，可以让人放平心态，有利于修身养性。

比如下棋，可以让人思维敏捷，做事情也会多考虑几步。

比如听音乐、唱歌，可以缓解忧愁苦闷，有助于入眠，提高免疫力。在一些心理治疗中，有的就会用到音乐疗法。

比如跑步、打球等体育运动，可以增强身体素质，稳定情绪，有效修复过度内耗的身心。

比如登山，可以开阔心胸，提升气度，站在山顶体会"会当凌绝顶，一览众山小"的豪情壮志。

比如美食和下厨，可以让我们的胃和大脑一起获得满足，毕竟"没有什么是一顿饭解决不了的，如果有，那就两顿"。

显而易见，兴趣本身会给我们带来很多益处。此外，当兴趣变成特长后，还会在人际交往中给我们带来帮助，不仅能让我们更快地融入群体，还会让人们心生佩服，对我们刮目相看。特别是那些性格内向、容易自卑的孩子，培养一个兴趣特长能够极大地提升其自信心。

如果一个人有了自己的兴趣爱好，他就会很容易结识到志同道合的朋友，从而为其工作或生活助益或增添色彩。

所以，多一个兴趣就会多一群朋友，当遇到麻烦和烦心事时就会多一些解决或倾诉的途径。如果你正被坏情绪困扰，正陷入内耗无法自拔，那就试着做一件自己感兴趣的事情吧！

兴趣爱好就如同人生的润滑剂，虽然不一定能给我们带来财富上的收益，但是能给我们生活增添色彩，能让我们的精神始终保持健康和活力，让我们远离坏情绪，远离内耗。

许多事情并不是我们喜欢了才会去做，而是在做的过程中逐渐感兴趣，找到这件事的乐趣所在。如果你正陷入内耗，不妨做一些大胆的尝试，挖掘出自己感兴趣的事情，或许你就能因此而打开一扇新的大门。

跑步能让大脑醒醒神

在社交媒体圈经常能看到酷爱跑步的人。现在，很多人在聊天的时候，不会再说"你好""吃了吗？"等没有内涵的交际用语，而是问"上个月的半马你去没？""今天你跑了几千米？"那些跑步的照片或视频更是刷爆了微信朋友圈。

约翰·梅迪纳在《让大脑自由》一书中提出"运动可以让我们的大脑更好地去运转"的理论："运动能让更多的血液流向大脑，为大脑提供营养，同时还能为大脑带来更多的氧气。"

也就是说，在跑步的过程中，我们的血液会流动更快，并且会刺激大脑形成新的细胞，加速大脑细胞的新陈代谢，这样，我们的大脑会变得更加清醒。

村上春树是风靡世界的小说家。在刚成为专业小说作家那会儿,村上春树为了有更多的灵感,每天大概要抽60支香烟。而且,他的身体属于易胖体质。这种不规律的生活作息和不好的生活习惯对其身体造成了巨大的伤害,很快就被拖垮了。

为了能继续写小说,村上春树接受医生的建议开始跑步。于是,从33岁开始,他坚持跑了35年,风雨无阻。而且,他每年最少都会参加一次全程马拉松比赛,甚至还获得过3.27小时的好成绩。跑步不仅让他的身体保持健康的状态,还让他在写作时保持头脑清醒。

在《当我谈跑步时,我谈些什么》一书中,村上春树写道:"在1982年的秋天,我开始跑步,并坚持了将近23年。我几乎每天都要慢跑,每年至少参加一次全程马拉松,算起来,到今年一共跑了23次。我还去世界各地参加比赛,长距离、短距离都参加。说起来,跑长距离跟我的性格更为相符,但是只要跑步,我就会感到快乐。迄今为止,我在自己的人生中养成了诸多习惯,跑步可能是其中最有益的一个,有重要意义。因为20多年从不间断跑步,我觉得身体和精神都在朝着良好的方向进步。"

很多人在跑步后的第二天感觉浑身酸疼,并且这种酸疼持续三四天,这些状况让大部分人对跑步望而却步。其实,这是跑步方法不对才会出现的情况。

网上有很多指导跑步的帖子,你可以从中找到适合自己的跑步方法,然后坚持去练习。明确了跑步方法之后,还要坚持23天,形成一个周期,到那时你就会发现自己的身体变得轻快了,似乎已经习惯了跑步,并且大脑也越来越清醒,精神越来越愉悦,原本纠结的事情也都豁然开朗。

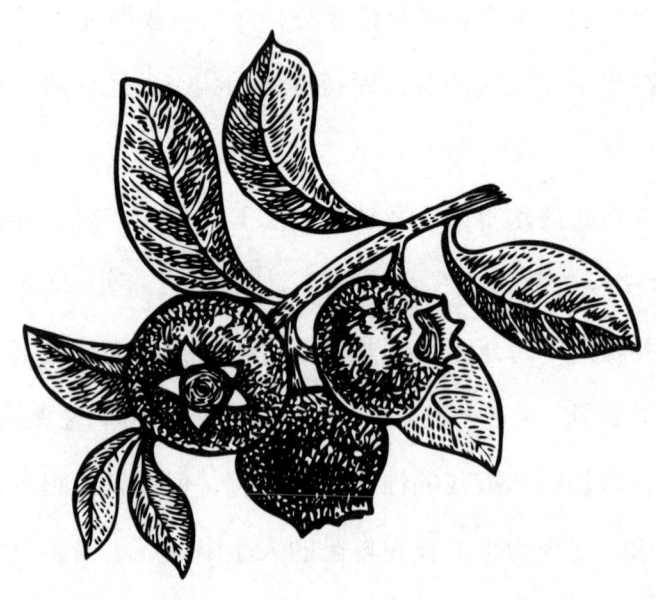

吃一顿大餐，不如睡一个好觉

夜深人静，你躺在床上却迟迟无法入眠，已经辗转反侧很长时间，却依然没有丝毫睡意。你开始用最经典的"数羊"方法，"一只羊，两只羊，三只羊，四只羊……一千只羊……"，谁知越数越清醒。有时候，失眠的确非常令人焦虑，而失眠的根源依旧是内心深处的焦虑。

其实，我们完全没有必要因为失眠而恐惧。在很多时候，失眠是人体免疫系统对你的提醒，提醒你去寻找失眠的原因。大部分失眠都是由情绪濒临失控引起的，情绪失控会给我们的身体带来很大的压力，让我们无法正常入眠。

这一说法是有理论依据的。美国睡眠医学研究所做过一项关

反内耗心理学

于失眠的研究,最后得出了这样的结论:压力会导致失眠,并且直接影响睡眠的质量。

如果你失眠了,这表明你的精神和身体所承受的压力已经超过了警戒线,也就是意味着你的内耗超标了,此时你需要想办法排遣压力所带来的负面情绪。

比如,可以找一些可爱的或者是有趣的小物件来宣泄一下。当负面情绪被宣泄出来后,你的注意力便也会跟着转移,失眠就会不药而愈。

读莫言的作品《蛙》时,我摘抄过这样一句话:"只有失眠的人,才知道睡不着是多么痛苦,也只有失眠过的人,才知道睡着了是多么幸福。"

充足的睡眠可以给我们带来一整天的好心情。因此,人人都厌恶失眠,将其视为内耗之王。尤其是刚刚步入社会的职场新人,繁重的工作压力让其中不少人都患上了失眠症。但是,无论失眠会带来多少负面情绪,只要你能正确理解它,就不会被它困扰。

在无法安睡的深夜,你可以利用周围的安静,对自己进行深刻的剖析。在这么做的过程中,或许你会将平时没有发现的、隐藏在内心深处的、悬而未决的心理问题,借着这个机会都找出来。

可见,失眠也并没有我们想象中的那么糟糕。当我们无法入睡的时候,其实也是我们离最真实的自己最近的时候。即使我们睡着了，也可能会庄周梦蝶，所以失眠真没那么糟糕。

有时候，一个人会出现失眠，除了压力大，还有可能是因为他内心深处的自卑在作祟。比如说，明天有一个重要的会议，你不仅要全程参与，还要在会上发表演讲。虽然已经进行了充足的准备，但是你还是担心发挥不好，并因此而紧张、焦虑得不能入睡。

可见，内心深处的自卑是导致失眠的一个重要原因。精神科医生贝兰·沃尔夫研究发现：失眠症是自卑者最容易表现出来的一个病症。

日本心理学家加藤谛三曾出版过一本叫《写给失眠者的心理学》的书，他在书中说："有自卑感的人，从小开始就认为是因为自己不够优秀而不被周围人喜欢……今天的失眠不是因为昨天发生的事情，有可能是十几年的生活方式才导致了你今天的失眠。"

由此可见，失眠来到你床前，有可能是因为某一天的某件事，悄然在内心深处埋下了一颗自卑的种子。平时你都在忙忙碌碌，所以并没有发现它。一个偶然的契机，这颗自卑的种子深夜到访，让你失眠。而如果这个问题不能得到及时解决，那么它很可能会在日后的生活中不停地内耗你，影响你的发展。可见，失眠是对你的一个警示，它在提醒你，你有一个心理问题没有解决。

很多时候，一个人越是自卑，就越是想要获得周围人的认同，就会不停地给自己施加压力。而这样做只会引发一个后果：失眠。

当你真的失眠的时候，也请你一定不要焦虑，更不要惶恐，这些负面情绪只会让你的失眠更严重。你要做的是坦然地接受它，将它当成是大脑送给自己的礼物，并学会放松紧绷的神经。找到正确排解压力的途径，我们就可以睡个好觉了。俗话说得好："吃一顿大餐，不如睡一个好觉。"

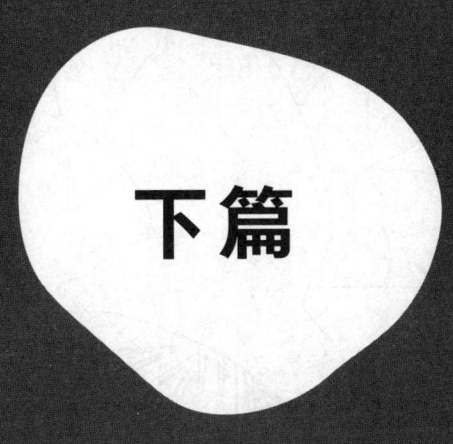

下篇

情绪价值:
管理情绪让你又美又飒

第五章

认知"角色效应",找准自己在圈子里的位置

美国社会心理学家埃里克森将人的一生分为八个阶段,人们在每个阶段都会扮演一个或者多个角色。成功的角色扮演会让我们拥有某种品质,而失败的角色扮演则会让我们情绪失控,产生内耗。我们如果能发挥好角色效应,就能放大自己的绝对优势。

你被赋予了什么角色

在生活中,我们总是会发现,有的人一直扮演"牺牲者"的角色,他们"牺牲自己"来成全别人,为别人着想与付出;有的人则天生就是"小霸王",习惯向他人索取,咄咄逼人。在遇到不如意的事情时,这类人会不管不顾地搅得"天下大乱",只为获得一个让自己满意或舒服的结果;而有的人则是当"老妈子"的命,她们每时每刻都在为别人操心……

在现实生活中,每个人都以不同的角色参与家庭活动和社会活动。而这种因角色不同所产生的心理或行为变化现象,被心理学家称为"角色效应"。

例如,同卵双生的两个女孩的外貌特征非常相似,在同一个家庭中成长，从小学到中学再到大学都在相同的学校读书，并且在同一个班级。然而，这对双胞胎的性格却有明显区别：姐姐个性开朗，自主意识较强，善于交际，待人主动热情，解决问题果断，较早地拥有了独立工作和生活的能力；而妹妹性格内向，遇事没有主见，习惯依赖他人，不善于交际，在工作和生活方面迟迟无法独立。

心理学家对这一现象非常感兴趣，经过研究后得出：双胞胎姐妹之所以会性格迥然，主要原因是她们扮演的"角色"不同。在两姐妹成长的过程中，父母对待她们的态度截然不同，尽管她们是孪生姐妹，但是父母赋予了她们不同的角色：姐姐需要照顾好妹妹，要对妹妹的言行负责；妹妹则应该听姐姐的话，遇事要跟姐姐商量。长此以往，姐姐逐渐具备了独立解决问题的能力，一直都扮演着妹妹保护者的角色，妹妹则扮演着被保护的角色，并且觉得理所当然。

很显然，因为被赋予了不同的角色，所以双胞胎姐妹才出现了性格方面的差异。在我们身边也有这样的情况，比如许多家庭中的老大，大多在性格方面更加独立，也更有担当，不经意间就会扮演照顾人的角色。

不仅家庭关系赋予的角色对人们的心理和行为有很大的影响，社会及团队对个体赋予的角色也是如此。

反内耗心理学

日本心理学家长岛真夫等人对某小学五年级的一个班做了一个实验——研究班级指导对"角色"加工的意义。这个班共有47名学生，心理学家挑选了在学习较差的8名学生，将他们任命为班级委员，并在他们完成工作的过程中进行适当的指导。一个学期过去了，心理学家发现这8名学生在班级里的成绩有了显著的提高。新学期选举班干部时，这8名学生中的6名成功当选为班级委员。另外，他们还发现这6名新委员在性格方面发生了积极的变化，比如自尊心、安定感、明朗性、组织能力、协调性、责任心等方面，都有了一定的提高。

这个实验也是一种"角色效应"。一个人被赋予某种角色后，为了满足社会和他人对这一角色的期望，他们就会下意识地按照角色规范来要求自己，然后以角色期望和角色认知为基础，采取相应的行为让自己趋向成功。

男孩子遇到挫折哭泣时，人们就会对他说"男儿有泪不轻弹"。这确实有性格素质方面的原因，男人在性格方面确实比女人要更坚强一些，但究其根本，还是因为男人被自己的社会角色和家庭角色所限制，天然地认为自己的软弱需要克制。

在社会和家庭中，男人大多被赋予强大、敢于担当的角色，为了跟这种角色形象相匹配，就算遇到挫折和坎坷，他们也常常会隐藏自己的脆弱，至少不让人看见自己的眼泪。读到这里的朋

下篇 情绪价值：管理情绪让你又美又飒

友，尤其是男性朋友，是否深有感触？那么，你现在正扮演着什么角色呢？你的角色扮演又是否成功呢？

内耗之角色冲突

在人生的某个阶段，每个人都同时扮演着两个或两个以上的社会角色，而这些角色之间有时会发生冲突，能不能解决这种冲突直接决定我们社会角色的扮演是否成功。

在日常生活中，当一个人扮演的两个或多个社会角色之间或角色与人格之间不能相容的时候，就会发生角色冲突。当一个人遭受来自不同群体的无法调和的压力，或出现角色定位模糊时，也容易发生"角色冲突"。角色冲突会让我们进入焦虑、紧张、苦恼、低效率等状态，而为了摆脱这种焦灼的状态，通常我们会摆脱一个或多个不相容的角色，以便通过重新定位或协调来减轻压力。

下篇　情绪价值：管理情绪让你又美又飒

在漫长的人生中，我们需要扮演各种角色，比如领导、职员、父亲、母亲、丈夫、妻子、儿子、女儿……每个角色都跟人的心理健康息息相关。当一个人成功扮演各种角色时，他不仅满足了社会的期望，还满足了自己和家人的需求，所以他能过得非常舒适。反之，如果一个人不能胜任各种角色，那么他不但会在不同的生活处境中遭遇挫折，还会因不能解决角色冲突而陷入内耗。

假如我们不能在需要的时候恰当地转换自己的角色，那么不管是在心理上还是在行为上，都会出现负面情绪。换言之，为了让日常的人际关系尤其是工作中的人际关系更为融洽，这种转换角色的能力是必不可少的，即敏锐地观察出自己在各种情境下需要扮演的角色，并及时做出符合角色身份的行为。虽然在大多数情况下人们都能自发自如地进行角色转换，但为了保证所扮演角色的质量，我们还是需要准确地给自己定位。

角色冲突很容易让人产生紧张的情绪。研究发现，长时间生活在角色冲突中的人，会出现心率加快、血压升高等症状。美国社会心理学家米德将这种现象称为"角色紧张"。角色紧张对社会及个体的身心健康都极为有害，经常使个体产生巨大的内耗。要想消除角色冲突，我们可以从以下几方面入手。

1. 懂得角色换位

思考和解决问题时，不要一味地站在自身角色的位置上，而

应当换个角色位置，也就是站在对方角色的立场上，将心比心、设身处地地体验对方角色的期待，比如需求、遭遇和感受等。具体表现为丈夫用妻子的角色，妻子用丈夫的角色，下属用领导的角色，领导用下属的角色，这样换位思考很容易消除角色冲突，使人际关系变得和谐。

2. 处理好角色转换

不同的角色拥有不同的权利与义务。在角色转换后，我们应该对所扮演角色的权利与义务有明确的认识，清晰理解该角色的行为准则，以便适应新身份，尽早适应新角色。转换角色的速度越快，内耗就越少。

3. 避免角色混同

角色的权利与义务都有明确区分，不能混为一谈，要做到区别对待。比如，在跟异性的交往中，男性要将妻子、女朋友、女同事几个角色区别开来。同样的道理，女性也要将丈夫、男朋友、男同事几个角色区别开来。如果出现角色混同，那他／她就会遭遇很多矛盾和冲突。再比如，同一个人，在单位时是领导，他所做的事情是发布命令、指挥别人，但下班回家后，他就要履行丈夫和父亲的职责，帮妻子做家务，辅导孩子做功课，并陪伴他们玩乐。

焦点效应：别把自己想得太重要

新的一周开始了，你刚换了新发型，对以往的穿衣风格做了改变，穿了一件以前从未穿过的紫色裙子。当你走出家门以后，不管是在上班路上，还是走进公司的大门，你都会觉得好像所有人都在关注你，都在对你的发型和连衣裙品头论足，这种现象就是心理学中的"焦点效应"。

焦点效应又被称为"社会焦点效应"，是指人们常常将周围人对自己外表和行为的关注度进行高估的一种表现。也就是说，人们往往会将自己看作一切的中心，并且直觉地高估别人对自己的关注度。

对于焦点效应，心理学家季洛维奇曾做过一个实验。在实验

中，他让一名志愿者穿上一件印有喜剧演员头像的 T 恤。然后，用等候参加实验作为借口，让这名志愿者坐在另外五名穿普通衣服的志愿者中间。接下来，让志愿者做出判断，让他估计一下那五名志愿者有几个人注意到他的 T 恤。志愿者回答说："大概会有三个人。"然而，事实上，当对那五名志愿者提问时，只有一个人回答说注意到这件 T 恤。

在焦点效应的影响下，人们往往会过度关注自我，格外在意自己在公众场合的表现，为一些自以为是的小尴尬而"社死"现场。比如，在参加同学聚会时，你会为了不小心把饮料洒在自己身上而懊恼；在一个派对上，你会因为撞到服务员而感到尴尬；在员工会议上，你会因为回答不出老板的问题而感到丢脸。其实，这种负面的心理不过是自我内耗罢了，因为别人根本就没有留意到你所认为的窘态。

受"焦点效应"影响，一些人总觉得自己是大家视线的焦点，自己的一举一动都被关注着，由此引发一种现象——"社恐"。在人群中，"社恐"者总是感到大家都在关注自己，也会不自觉地高估自己的社交失误和公众心理疏忽的明显度。比如，一个人去参加宴会，却是唯一没有为主人准备礼物的人，他可能会苦恼。但是心理学家发现，别人不太可能会注意到个体所受的挫折，即便注意到了也会很快忘记。

通常来说,其实我们没有自己想象的那么重要。在人群中,我们受到的关注也没有自己想象的那么多。因此,我们完全没有必要为自己在公共场合的糗事而耿耿于怀,或者因为担忧被人指责而不敢尝试做某件事情,因为不管你的表现是好还是坏,他人遗忘的速度往往超乎你的想象,甚至一个转身,他们就不记得你曾经做过什么了。

总之,无论在什么场合中,我们都没有自己想象的那么重要。因此,无论我们是穿了什么奇装异服,还是出了什么糗事,我们都不用介怀,更不必为此而生出负面情绪。因为真的没有那么多人在意我们,更不会有人一直记得我们身上发生过什么糗事。专注做自己,莫陷入"焦点效应"的怪圈!

第六章

大家都是隐藏的"社牛",轻松舒适的聊天秘诀

社交是一门艺术,很讲究技巧。不会说话的人,只会用"苦口婆心""晓之以理,动之以情"来打动别人,结果被打动的只有自己;而情商高手们则会从人的潜意识入手,三言两语就让别人变成自己人。在多元化的社会里,我们扮演着多重角色,若不想做高内耗的"宅男""宅女",那就努力做一名"社牛"吧。

社交焦虑来袭，解读"宅男""宅女"

心理学家做了一项调查，询问被调查者："你是否因为社交而出现焦虑？"有近100人做出了回答，根据得到的答案，发现其中62%的人都产生了不同程度的社交焦虑。也许，社交焦虑已经成为一种"流行病"。我们身边就有一些人因为焦虑而主动减少甚至拒绝社交，变成了大家口中的"宅男""宅女"。难道以后大家只能通过社交网络来进行交往了吗？

跟身边有社交困扰的朋友聊过之后，我发现真正让他们感到焦虑的并不是社交本身，而是社交产生的结果。就跟那些害怕坐飞机、走夜路的人一样，他们担忧的也是这件事带来的结果。害怕坐飞机是怕飞机失事，害怕走夜路是怕遇到坏人，而产生社交焦虑的原因则更为复杂。

社交需要我们清楚社交的意义，明确社交的目标，了解自己和他人，掌握合适的沟通方法，在交流时对他人做出适当的回应……社交是一项复杂的人类活动，无论哪个环节出错，都会影响人们的社交体验。所以面对社交，焦虑其实是一种正常的情绪，而且适度的紧张对社交有促进作用。

如果社交焦虑有发展的趋势，即当个人对社交产生回避甚至拒绝的想法时，我们应该及时自查、剖析，并寻找办法消除。谁也无法完全摆脱社交，回避社交绝不会缓解焦虑，只会带来更严重的内耗。

一般来说，对社交有适度焦虑感的人往往更有交往价值，因为他们对情绪的感知更敏锐，更善于倾听，也更能理解和体谅他人，这就是适度紧张对社交的好处。可是一旦这种焦虑超出正常水平，就会对社交造成困扰，故而我们要找出过度焦虑的原因，实现顺利社交。

经过分析和梳理，我们发现社交焦虑的产生主要有三个方面的原因。

1. 控制感缺失

跟社交相比，打游戏、看电影等个人活动往往更为轻松自在，因为我们可以选择和控制的部分更多。而在社交过程中，我们要

面对陌生的环境和人，就算是跟认识的人聚会，我们也不能预测和控制交流过程，更不要说可能会遇到的尴尬处境。如果出现话不投机、冷场，甚至矛盾和冲突，怎么可能不因失控而焦虑呢？

2. 固化社交模式产生的不适

从出生开始，我们就有了社交活动，跟父母、亲戚、邻居、同学等的来往都可以叫作社交。随着不断成长，我们遇到的人越来越多，社交模式也越来越多元化，没有一种社交模式可以贯穿始终，让人无往不利。在面对社交模式需要转变时，有些人就会感到不适，因为以往熟悉的社交技巧不再起作用，这会让人产生不安和茫然，担心在新的人际关系中会遭遇挫败。而之前建立的人际交往模式越固化，在需要转变时，人们的不适感就会越明显，因为要将一种新的社交模式植入人的大脑和身体，变成自然而然的社交思想活动、语言和动作等。

3. 外界评价的压力

假如说前两种原因相对个性化，那么担心外界评价可以说是比较常见的原因。不得不说，外界评价给很多人带来了压力。大家都担心自己表现得不够好，不能让对方喜欢，都试图向对方展示那些自己并不具备的品质，故而产生了很严重的社交焦虑。

比如，甲担心别人评价自己不大方，所以他抢着买单；乙担心别人说自己无趣，所以他努力搜寻各种段子；丙担心别人觉得自己的负能量太多,所以他不敢吐苦水……长期在社交中勉强自己,违背自己的心意,又怎么会不产生焦虑和感到疲惫呢?

当然,引发社交焦虑的原因还有其他一些,比如不良的情境、生活中的压力和错误的自我认知等,也可能会引发短暂的社交焦虑。但不管是什么样的原因引发的社交焦虑,都是有办法缓解和减轻的。而当找对方法后,我们每个人都会发现自己原来是隐藏的"社牛",只是之前我们太不了解自己,又太没自信。

当社交焦虑来袭时,我们可以试着去了解它。具体可以从以下方面着手。

1. 坦然面对,承认焦虑的存在

有的人拒绝承认自己有社交焦虑,总是找一些理由来回避社交,比如加班、身体不舒服、家里的狗生病等,其实这样做只会让焦虑越来越严重。当社交让你感到无比紧张和焦虑时,你别急着逃避,而应该坦诚而明确地对自己说"你有社交焦虑"。焦虑是普遍存在的,承认社交焦虑并不丢人,有问题就要坦然面对。

2. 确定焦虑产生的原因

假如是暂时性的焦虑,由刚发生的具体问题引起,那么可以不予理睬。但假如是由前面所说的三种原因引起的焦虑,便要对症解决。

对控制感低的人来说,首先要认识到一点,那就是你可以控

制的只有你自己。就像骤然而至的大雨、意外的交通堵塞、突然的工作变动，生活中总会有你掌控不了的部分。而我们能做的不是去改变不可操控的部分，而是试着去接受它们的存在，调整能够控制的因素，比如自己的心态和沟通方式。社交活动就是训练场，只有努力适应控制感低的社交场合，并在不断调整中掌握应对不可控部分的技巧，提高掌控感才能不因焦虑而内耗。

假如是固化的社交模式引起的不适，我们可以通过多参加不同的社交活动，观察和学习别人的应对方式来改变。其实，"社牛"都是从模仿那些在人际交往中如鱼得水的人开始的。由于社交焦虑已经让我们形成错误的认知，要想打破这种桎梏，就必须充分适应社交场合。当对社交活动感到自如后，适应感就会越来越强，焦虑感也就会越来越低。

担心外界评价的人需要学习如何做更真实的自己，而不是如何在他人面前维持良好的形象。装出来的优点迟早会被看穿，更何况我们并不靠他人的评价立足，每个人都有自己独特的闪光点，要表现真实的自己。

3. 试着跟焦虑共处

对于有些人来说，社交焦虑可以减轻，却不能消除。难道这些人就无法有正常的社交活动了吗？当然不是。接纳社交焦虑，把它看作人生的一部分，就可以不受困扰地享受社交。

当尝试了各种办法，仍不能在社交中感到舒适和轻松时，你不妨总结一下经常令你感到紧张的事情是什么，这些事情会给你带来什么结果，怎样能避免糟糕结果的出现。如果经过分析后，你发现，初次跟人见面时你会焦虑，但当多次和这些人见面后，你彻底了解了自己的焦虑来源，并有了应对之法，便不再焦虑了。

除了找到焦虑之源并想到应对之法，还可以通过明确自己的社交愿望的方法来缓解社交焦虑。一个人去参加聚会往往都有原因和期待，这些原因和期待便是你的社交愿望。这些愿望可以让你不再过度关注自身的焦虑。因此，在社交中，如果把更多的注意力放在社交愿望上，那焦虑就会被挤到角落。

假如你也遇到社交焦虑的问题，请不要过度担忧，因为焦虑并不可怕，可怕的是你不接受焦虑，不知道自己为何焦虑。假如你能彻底搞清楚焦虑的来源，并愿意面对它，接受它，想各种办法缓解它，那么你将不再因社交焦虑而内耗，拥有轻松舒适的社交氛围。

 成年人的社交秘诀

大家都是成年人,但有些人的社交行为却缺乏分寸感和边界感,往往给他人和自己都带来困扰。有些人总是逾矩去接触和要求别人,以致给别人带来很多麻烦,而自己也由于得不到想象中的回应而对别人产生不满,进而双方都会陷入内耗。为了把握好与人交往的度,这里有几条成年人该知道的聊天秘诀,供大家参考。

1. 尽量不对别人提要求,不要求别人这样或那样

对别人提要求,要求别人这样或那样是不符合成年人社交礼仪的。孔子说:"己所不欲,勿施于人。"说的就是自己不愿意做的事,就不要要求别人去做。其实,就算"己所欲"也应该"勿施于人",自己愿意去做的事也不要要求别人去做。

古语云"严于律己,宽以待人",但现在有些人却是"宽于律己,严以待人",对自己要求特别宽松,对别人要求却很严苛。有些人要求别人这样或那样,但出发点却是让自己更舒服,还包装成"社交礼仪"。

比如,有的人喜欢听"可以""好的""知道啦",不喜欢听"嗯",觉得这个字很冷漠,好像被对方拒之千里之外,于是就要求对方换个词语来表达。其实,这只是你自己的感觉罢了,对对方来说,"嗯"跟"可以"的意思一样。所以,第一条聊天秘诀就是尽量不对别人提要求。

2. 三观不一致,切忌强行说服

世界的精彩就因为它的千姿百态,你我的独一无二则是源于复杂多样的思想。可惜总有人试图评判别人,说服别人按照自己的想法去思考。

请记住,在成年人的社交圈子中,强行说服别人是非常招人讨厌的事情。我的价值观不需要你认同,但你一定要尊重并且不要妄加议论;我不要求你理解和接受,但你要做到相安无事、求同存异。

在人际交往中,将自己的观点强加给别人是非常令人反感的行为,如果三观不一致,千万不要强行说服别人。

3. 可以看不惯，但不要贬低别人的喜好

俗话说"萝卜青菜各有所爱"，但有的人不能理解，他们随意贬低别人喜欢的人或物，好像只有这样才能彰显自己的正确性和优越感。这样的人在社会交往中很多。遇到这样的人，很多人会失去与其交谈的欲望。

因此，为了不做让人讨厌的人，我们要时刻提醒自己，当遇到别人的喜好与自己不同时，我们可以看不惯，但千万不要贬低，想畅所欲言也要注意场合。

4. 尽量少麻烦别人

"举手之劳"不过是朋友的客套话，不是我们麻烦别人的理由，况且就算举手之劳也要付出精力和时间。所以，不管亲疏远近，尽量少提使别人为难的请求。每个人都有自己的生活，如果确实需要帮助，最好说明原因或与此相关利益。

能自己做的事尽量自己做，能不麻烦别人就尽量不麻烦别人，因为大家都很忙，给别人增添不必要的负担是自私的行为，很伤感情。

5. 不要对别人的生活指手画脚

我们的身边总有一些人喜欢对别人的生活指手画脚，告诉别人应该怎样、不应该怎样，即便自己的生活一塌糊涂，也忍不住要给别人的生活提意见。特别是有些人习惯传授自己的人生经验，仿佛只有他说的那条路才是光明大路,如果遭到对方的不屑或反对,就开始横眉冷对。这些人这样做时,恐怕是忘记了,在成年人的社交中,非常忌讳对别人的生活指手画脚,尤其是传递人生道理。管好自己已经很不容易了,与其对别人的生活指手画脚,不如把自己管好,安静做个榜样。

道理,相信大家都懂,总之,我们不要想着做谁的人生导师,也不要对别人的生活指手画脚,在社交中请尽量克制自己提意见的欲望,多尊重对方的想法才能友好交流。

情绪有力量的人更容易成为"社牛"

在和别人交流时,你会注意自己的情绪吗?假如你从未注意到情绪在社交中的作用,那你在社交方面可能会表现平平或者比较差劲。你经常会为此而苦恼,甚至陷入无休止的内耗。要想改变这种状况,你就要充分重视情绪的作用,利用好它,让它发挥出巨大的社交力量,那样,你在与人交流时就会变得游刃有余,无往而不利。

重视情绪的作用,掌握好以下几条沟通法则,你就会成为一个情绪有力量的人,成为"社牛",从而远离社交内耗。

1. 不轻易下结论

无论面对的情形有多么紧迫,都不要轻易下结论,一定要再想想。急于下结论往往会下错结论。

美国作家马里杰·斯比勒·尼格写过一篇《多看了一眼》的文章，他在文中说："年轻时，我自以为了不起。那会儿我计划写本书，为了在书中加入地方色彩，我就利用假期出去采风。我打算在那些穷困潦倒、懒散混日子的人当中挖掘主人公，我相信在那儿能找到这种人。确实如此，有一天，我真的发现了这么一个地方，那个庄园一片荒凉破败，里面行走着衣衫褴褛的男人和面容憔悴的女人。最令我兴奋的是，我看到了想象中的懒散混日子的主人公。一个满脸胡须的老者，身穿一件褐色的工作服，半坐在矮凳上为一块马铃薯地锄草。在他的身后是一间连漆都没刷的小木棚。

"我马上转身回家，恨不得立刻就坐在打字机前。而当我经过小木棚，在泥泞的路上拐向门口时，又从另一个角度多看了一眼老者，这时我下意识地停了下来。原来，从这里看过去，我发现老者的旁边靠着一副拐杖，他的一条裤腿空荡荡地垂着。顿时，那位刚才还被我定义为好吃懒做混日子的人物，就变成了一个百折不挠的英雄形象。"

尼格说："从那时起，对那些只见过一面或聊上几句的人，我再也不敢轻易做出判断和下结论了。感谢上帝，让我回头多看了一眼。"

在社交过程中,我们的嘴一定不要比思想更快,多思多想都不一定能够看穿真相,更何况是在情急的时候,我们的结论又能有几分准确性呢?所以,无论是重要场合还是日常沟通,我们都要尽量避免受情绪支配而下结论,以免造成不必要的内耗。

遇事莫慌,千万别因为一时冲动而草率地做决定。假如很难借助手里的线索或自己的认知得出结论,那么不妨先保持沉默,然后去请教他人。避免失误也是一种成功。

2. 不要对别人抱有过高的期待

不管眼下的情况多么顺利,我们都应该尽量降低期待值,尤其是不要对别人抱有过高的期待。不抱希望就不会失望,这是一条社交真理。

对别人期待过高,我们就容易感到失望、生气,跟对方相处起来也不那么和谐。在《人生的智慧》中,叔本华说:"如果有人完整地接受了我的哲学教诲,并因此明白我们的整个存在就是有不如无,而人的最高智慧则是对这一存在的否定和抗拒,那么,他就不会对任何事情、任何处境产生巨大的期待,不会热烈地追求这世间的一切,也不会强烈抱怨计划的落空和事业的失败。相反,他会牢记柏拉图的话:没有任何人和事值得我们过度操心。"

3. 在有原则的前提下可以随圆就方

在不触碰原则和底线的前提下,假如遇到一些无关痛痒的小事，完全没必要感情用事。

随圆就方是一种社交智慧，能让我们跟周围人打成一片，很好地融入集体。当对方发表的观点跟我们完全相悖时，我们应该声嘶力竭地去辩论吗？应该要求对方认同我们的观点吗？社交语言不应该有攻击性。一个人的情绪出现起伏的时候，很容易说出伤人的话。与其跟人针锋相对，不如干脆默默坚持自己的原则，随圆就方地跟人交流，这样自己的情绪也就稳定了。

总之，在与人交往中，如果我们能好好发挥情绪的力量，让自己说出去的每句话都有力量，都得体，那我们就能成为合格的"社牛"，远离社交内耗，从而成就更好的自己。

内向的人怎么办

很多内向的朋友都会发出灵魂拷问：内向不好吗？内向怎么办？

我们不得不承认，有些人从出生就阴郁、敏感、脆弱，容易因挫折而抑郁、内耗，有些人则一出生就像中了"好心情彩票"，天生乐观、神经大条、勇敢自信。既然人生来性情不同，且社交对现代人又如此重要，那是不是就意味着天生内向的人就不容易获得幸福呢？假如生来内向，那有机会成为一个"容易开心的人"吗？能通过自己的努力提升社交能力吗？

在《真实的幸福》中，马丁·塞利格曼提到过一个公式：幸福的持久度 = 50% 设定的幸福范围（先天基因）+ 10% 生活现状（升职、加薪、房子、汽车、结婚……）+ 40%自愿变量（自愿控制的因素）。

可见，决定一个人幸福持久度的关键，除了50%的先天基因，还有50%的后天因素。也就是说，我们的性格和处事方式是可以改变的，比如想做什么、不想做什么、如何看待生活的各个方面，都可以通过后天的经历和努力去改变。

人们常说："性格决定命运。"但在心理学家看来，决定命运的并不是性格，而是我们怎样看待自己的性格。不管你是哪一种性格的人，对改变先天基因都是无能为力的。只要利用好自己的性格优势，你就可以让自己过得更幸福。

遗憾的是，内向性格的人一直被人们认为很难拥有更好的生活。但事实证明，他们被严重低估。

在五大人格理论中，天生"外倾性"得分比较低的人通常被称为内向的人。在社交过程中，内向跟外向的人有一个明显的区别：内向的人更喜欢通过独处来释放压力，而外向的人则更喜欢借助跟可靠的朋友见面、聊天来放松。也就是说，内向的人对广泛的社交有抵触心理。

从某种程度上来说，性格的内外向程度直接关系到社交的广度。然而，社交广度并不等同于社交质量，简单地跟谁都能聊几句并不是社交高质量的表现。心理学家发现，"注意力在哪里才是高质量社交的关键，而在获得高质量社交方面，内向的人拥有自己独特的优势。通常情况下，性格内向的人比较敏感，所以他们更具备同理心，对人际和谐更为看重，即"宜人性"比较高。

在社交场合，内向的人容易焦虑，但他们实质上并不会受到伤害或指责，他们只是因为过度思虑或过多地为别人考虑才产生了一些负面和消极的情绪。

内向的人虽然觉得社交很累，但这并不意味着他们不善于社交。相反，内向的人因为不积极反而更招人喜欢。内向的性格使他们更冷静、更细腻，所以社交时的"宜人性"更高，表现也更可圈可点。而那些热衷于社交的外向型人，尽管喜欢跟他人一起消磨时光，却容易出现"朋友很多，好朋友却很少"的情况。

可见，内向的人不但会社交，还容易有高质量的社交。高质量的社交是决定幸福的关键，更好地发挥自己性格内向的优势则是维护高质量社交的关键。

当你将性格内向的优势转化成建立高质量社交的优势时，你就可以以此为出发点，成功建立诸多的良性社交关系，使跟你接触的人都能轻松舒适，进而也使自己远离内耗，发现生活中的无限乐趣。

被批评了，你会走心吗

对大部分人来说，批评造成的多是负面影响，让人产生失落、难过或气愤情绪，甚至造成情绪失控，之后引发严重内耗。一生很长，谁都会犯错，就算是一直表现优秀的人，也会有表现不佳的时候，从而收到消极的反馈。可见，我们谁都不能完全避免被批评。因此，当被批评时，该如何面对，怎样避免因负面情绪而产生的内耗，就对我们很重要了。

美国前总统杰克逊说："批评你的人通常是你最好的朋友，因为他让你在做事时更加小心谨慎。"但在现实生活中，人们往往很难坦然地面对批评。因此，如果你被批评了，请试着静下心来重新审视自己，并试着重新理解批评背后的含义。

在职场中，我们偶尔会遇到一些非常有挑战性的工作，比如：自己没有经验去做的，但是领导交代下来需要完成的事。因为不是很有把握，担心在做的过程中出现什么差错，又害怕最后因没能做好而被领导批评，所以一直带着紧张、焦虑的情绪做事。而我们都知道，紧张、焦虑的情绪会严重影响能力的正常发挥，因而可想而知，越担心受批评就会越紧张，越难做好领导交代的事情。

在日常生活中，我们也可能会被陌生人批评。比如：我的朋友唐小姐是个新手司机。一次，她在商场停车的时候，因为倒车不是很熟练，所以来来回回折腾了好久，后面那辆车的司机等得不耐烦了，于是下车走到她旁边，语气很差地说："新手就不要出来了，这不是给大家添麻烦吗？"唐小姐赶忙道歉。原本是高高兴兴地来逛街购物，但因为被批评心情受到影响，一整天都没了兴致，甚至不想再开车了。

既然批评造成的内耗如此严重，那么我们为什么不能坦然地面对批评呢？

批评这一行为是复杂的，有可能基于评判是非对错，也有可能基于个人的某种立场或角度，所以有对错的区别，并分为有用的和无用的。所以，我们要学会判断批评，或换句话说，我们需要判断批评是否值得走心。这样我们才能保护自己的情绪，才能不会因为被批评了而内耗。如果我们能将批评变成自己的武器，那我们的心理就会越来越强大，工作和社交能力也都会越来越出众。

被批评了，我们可以试着让批评为自己所用，而不是只顾着心里不舒服。下面有几点建议送给朋友们。

1．要保持心态的平和

无论是来自谁的批评，无论是针对哪方面的批评，也无论对方是什么样的态度，我们都要做到保持冷静和理智。这一点说起来容易，但做起来很难，不过它是正确面对批评的基础。

2．要明白批评有对错之分

批评不一定都是客观且正确的，我们要学会去区分对错，而不是一股脑地全部走心。这里强调的是要有分析能力，被人批评的时候要自己开动脑筋去思考，而不是恼羞成怒或羞愧难当。

3．要学会分析批评的真实意图

批评都有其背后的目的，不一定单纯为了指出你的不足或缺点。批评者往往将自己的真实意图掩藏在批评的背后，以此来表明自己的公正，而实际上批评只是他们想要达到目的的一种手段。假如你将批评者的话简单当作对自己的批评，那你就掉进了他们的社交陷阱。

4．虚心接受正确的批评

假如确定是客观的批评，那就要将批评的内容跟自己的实际

表现进行关联，反思自己到底哪个环节出了问题，进而制定跟自己情况相符合的改正方案，让批评变成一种激励。有人指出我们的错误，而我们能够虚心接受并改正，这不仅能让我们快速进步，还能让我们得到批评者的认同。假如人人都奉承你、赞赏你，那你更需要多多自省，以免因骄傲而止步不前。

伟大的绘画大师毕加索年轻时的最初梦想是成为优秀的诗人，并非常热衷于诗歌创作。著名诗歌评论家斯泰因看了他的作品后公开批评毕加索，说："毕加索先生的创作根本不算诗歌，只不过是将不同的短句进行组合，他真的没有写诗的天赋，我觉得他应该继续绘画。"

毕加索知道这件事后，不仅没有生气，还认为斯泰因的话犹如醍醐灌顶，让自己豁然开朗，如梦初醒。于是经过认真思考，他决定不再在自己不擅长的诗歌上浪费时间，重新专注于绘画。就这样，毕加索重新拿起了画笔。尽管没有成为优秀的诗人，但成了伟大的画家。

因而，当被批评之后，我们不要急着走心，或立马反驳，或自责，或羞愧，从而让自己产生负面情绪。我们应该客观地分辨批评的性质，如果批评是正面、正确的，我们就坦诚接受并改正，让自己远离无谓的内耗。

下篇　情绪价值：管理情绪让你又美又飒

 高情商的人说话都有目的性

常常听到朋友因社交失败诉苦说："我和大学同学闹掰了，我很后悔，不该说那些伤人的话。""跟客户沟通修改意见时，我居然没控制好情绪，把事情搞砸了。""我和男朋友吵架了，我知道自己有错，但就是拉不下脸来跟他认错。"

社交主要是说话交流。如果我们学会带着目的去说话，就能解决其中的很多问题。一方面，可以避免说狠话，即便情绪上头，只要记得自己的目的就能好好说话；另一方面，把目的放在前头，情谊和面子、真相和气愤所带来的困惑就会不攻自破。

很多人觉得，高情商就是会说话。那么，怎样说话才算是会说话呢？会说话是指说话有目的性，根据目的说高效率的话才是

高情商。

可能有人会觉得,带着目的说话会很累,而且功利性太强。那些带着损人利己的目的,或者为达目的不择手段的人都是不被人所接受的。而实现双赢的正当目的,或者手段正当、方法得当的美好"心机",只会让我们的社交能力越来越出圈。

可见,说话有目的性并不是让我们伪装起来刻意去迎合别人,而是将自我诉求和对方需求综合考虑后,选择效率更高、误会更少的说话方式和聊天技巧。

如果说话没有目的性,很容易说着说着就跑偏了,可能被别人带跑偏、被情绪带跑偏或者被意外带跑偏。沟通效率低于正常,沟通效果低于预期,还要收拾糟糕的情绪和事态,不是更累吗?因此,我们说话必须带有目的性。

不过,当带有目的性地说话时,我们要注意两点:一是在接收别人的观点时,我们要综合发言者的立场和目标受众,然后深入地思考观点,并且保持大脑清醒和逻辑清晰,这样不容易沉浸式认同对方,或者狭隘地一味抵触;二是不仅在职场中或对外人说话要有目的性,跟亲近的人说话也不能忘了目的性。只有目标明确,才能思考出达到目标的最佳话术,进而减少情绪和冲动带来的内耗。

第七章

寻找爱和幸福的情绪密码，让亲密关系升级

几乎每个人生命中面临的问题，都跟原生家庭有关系。我们每个人的体质、性格、看待事物的方式，也多多少少会被原生家庭影响。有些心灵上的黑洞还会波及我们的新生家庭，甚至"遗传"下去。你还在因为父母的爱恨情仇而内耗吗？你找到升级亲密关系的情绪密码了吗？

跟原生家庭和解，治愈内心的"黑洞"

相信很多朋友都听说过"原生家庭"这个词，这是一个社会学概念，指一个人出生和成长的家庭。而我们成年后跟伴侣建立的家庭，则叫作"新生家庭"。

一个人跟父母的相处方式会潜移默化地影响其成年后跟新生家庭的相处模式，也会在一定程度上影响他跟外界的相处模式。一个人如果在糟糕的、没有爱的原生家庭中长大，那这种缺爱的相处模式也可能会延续到新生家庭，代际轮回，让很多孩子都不快乐。

糟糕的原生家庭会让我们的内心出现"黑洞"，造成无法估量的内耗。我们该如何消除原生家庭的影响？父母"传承"下来的相处模式可以改变吗？怎么跟经常有冲突的父母进行沟通？下面给大家七条建议。

1. 原生家庭不是"痛苦之源"，而是我们了解自己行为和处事模式的重要途径

和我们一样，我们的父母也有属于自己的原生家庭，他们有可能无法避免原生家庭带来的阴影或创伤，而且无法走出阴影，更不用说帮助我们远离阴影了。

所以，分析原生家庭带给自己的影响，并不是为了对父母抱怨和指责，因为他们养育我们已经是尽职尽责了。我们追溯原生家庭的成长经历，更多的是为了分析和了解自己的心理机制，消除和修补潜意识里的阴影和黑洞。这样能让我们更好地做自己，消除怨恨。

2. 试着自我抚育

了解自己的心理机制之后，我们可以尝试着按自己期待的方式进行弥补。比如：张嘉从小很少得到表扬，所以也下意识地害怕犯错，对自己特别严格和挑剔，这让她很不快乐。当了解到这一点后，她开始试着表扬和鼓励自己。不需要多么大的事情，就算是炒了一盘好吃的菜，学会了一首新歌，工作进展得顺利，房间整理得干净舒适，张嘉都会表扬自己。尽管有些时候感觉挺可笑的，但有意识地自我表扬后，她内心那个完美主义的自己变得

更温柔、更松弛了。

自我抚育确实能够自我救赎。无论在成长中你经历了什么，请你先试着善待自己，这样才有机会善待他人，并因此得到更多善待。内在力量充实的人才能修补心灵黑洞，消除童年阴影。那些向外、向父母索取的人，不仅容易期待落空，还会陷入自我嫌弃的内耗。

3. 回忆原生家庭的幸福体验

人们往往对问题、麻烦和糟糕的体验印象较深，习惯关注内心的痛苦、孤独和不愉快的遭遇，而这也是幸福感不高的重要原因。

在塑造我们性格的过程中，原生家庭一定也给我们带来过很多幸福体验。我们可以静下心来，或者跟父母一起，去回忆那些曾经让自己开心的小事和温暖的经历。我们要寻找性格中的闪光点，并回忆它们跟哪些成长经历有关。

这样的回忆告诉我们原生家庭中也有快乐，让我们能客观地看待自己的成长、优势和弱点。

4. 正视原生家庭对你的影响

当正视原生家庭的影响时，我们就能客观地看待人、事物及亲密关系。如果你想发掘原生家庭对自己的影响，可以从以下问题入手。

（1）你的家人都如何面对压力？你也是如此吗？

（2）在夫妻关系上，你的父母做出了哪些榜样？

（3）你在原生家庭中是什么角色？很多事是自己做决定，还是听别人的？这对你的新生家庭有什么影响？你跟配偶的角色会因环境的需要而变化吗？

（4）家人的人生观是悲观的还是乐观的？原生家庭带给你的价值取向有哪些？跟你配偶的价值观是否有冲突？

（5）你有哪些行为、态度或想法是刻意跟原生家庭反着来的？是想要消除父母的某些负面影响吗？你的这些行为是否存在矫枉过正的现象？

（6）你在原生家庭中更倾向于尊重谁？这对你的婚姻有哪些影响？婚姻出现问题时，你会寻求其他家庭成员的帮助吗？

5. 学会跟父母沟通

原生家庭带来的困扰中，最常见的就是无法跟父母沟通："为什么他们不能换一种教育方式？为什么他们听不进我的话？为什么父母固执己见、控制欲强？为什么我感受不到父母的爱？"

沟通中之所以出现激烈的矛盾与冲突，很多时候并不是因为没有爱，而是沟通方式不对。双方都有各自的立场，双方的诉求也不一样，在这种情况下要怎样进行沟通呢？

跟父母沟通，最重要的是区分开情绪和真实的诉求。而在跟

人沟通时,假如试图让对方按照我们的意愿行事却被拒绝,往往就会造成情绪化和内耗。这时,我们沟通的内容不再是具体的诉求,而是变为互相之间的情绪冲突。

比如,当父母不同意我们做某项工作、某件事情时,他们的真实诉求是希望我们的生活更稳妥,但假如沟通不畅,诉求就变成:"你这个不听话的孩子!"同样,当我们想获得更多空间和自由时,其实是希望父母能享受自己的生活,别为我们操心太多,结果却变成:"你们一定要控制我吗?管好自己不行吗?"

跟父母沟通,切忌用情绪沟通,而应该先沟通情绪。在沟通的过程中,大家可分以下三步进行。

(1)先沟通情绪。把自己现在的感受及产生这种感受的原因说出来。比如:"我现在特别生气,我需要冷静一会儿。刚才你说的那句话让我很伤心,希望不要再对我说这样难听的话。"

(2)寻找原因,互相理解。对此,需回答这几个问题:为什么会吵起来?这次对话的初衷是什么?父母希望你怎么做?你希望父母怎么做?父母为什么要求你这么做?你为什么不愿意这么做?彼此能不能互相理解?

(3)探讨解决方案。和父母讨论是否有大家都能接受的方案,假如没有,那怎么做能让双方都舒服?大部分家庭都希望拥有融洽的交流、彼此的支撑及和睦的相处。所以在跟父母沟通时,我们应该先认可和明确这个目标，然后互相包容、理解，想办法朝一个方向努力。

6. 建立良好的亲子关系

一位心理学家提出，建立良好的亲子关系，父母需要满足孩子以下四种需求。

（1）安全需求。确保孩子人身安全，培养孩子应对挫折和愤怒的能力。

（2）照顾需求。满足孩子食物、居所和情感的需求，让孩子学会依恋、共情和理解。

（3）控制需求。帮孩子制定明确的规则和限制条件，然后进行监督、奖惩。

（4）智力开发需求。在进行亲子交流和互动时，给孩子提供符合年龄的挑战。

对孩子的安全需求和照顾需求，父母应该保持敏感并积极予以满足，这样才能让孩子形成安全的依恋模式。

7. 跟原生家庭和解，建立新的亲密关系

人们常常会陷入一种内耗："父母不理解我，所以我无法修复内心的黑洞。"原生家庭带来的创伤，似乎只有让父母认错、内疚才能平复，不然就会一直存在。我们有这样的想法，其实是在为自己的不开心找借口。因为过去是无法改变的，对童年的回溯只是为了让我们更了解自己，而不是向父母问责。

成年之后,我们要做的是跟过去的自己和解,跟父母和解,然后重建跟自己和家人的相处模式。这种亲密关系的建立需要相互理解,需要大量的沟通,更需要处理好过程中的冲突与摩擦。相信你和你的家人都有这样的意愿和同理心,并愿意一起为了家庭的和谐及良好的亲密关系而努力。

热恋过后，自然度过冷淡期

你有没有经历过恋人的冷漠对待？比如：他好几天不回信息、不接电话或者回应也很冷淡，或者突然不主动联系你，找一些借口拒绝交流和见面，面对质疑也毫无反应或者敷衍了事，甚至反唇相讥说你哪里表现差劲……

任何一对情侣都不可能一直处在热恋之中，激情和新鲜感退去之后，倦怠期就会出现。人们会感到厌倦、无趣，会回避热恋时的亲密，想要拥有一定的私人空间。有的是客观因素，需要去处理之前因恋情而耽误的工作；有的是主观因素，想要一些私人时间来调整自己的状态。

当恋人说想自己待几天或者想减少见面次数时，大部分人的

反应是刨根问底:"为什么不见面?你怎么了?出了什么事?还是我哪里没有做好,你生气了?"假如对方告诉你,并没有发生什么,只是想自己待会儿,你肯定觉得不合理。但你不用太紧张,按以下内容来做会让你更轻松一些。

1. 保持理解的态度

可能你还在热恋期,但对方不再热情似火。其实这很正常,要知道,每个人都有自己的节奏,就跟考试快结束时,总有人会在考试结束响铃前离开,想赶快去呼吸几口新鲜空气。因此,当你的恋人说他/她想一个人待着时,你就平心静气地告诉他/她,你能理解他/她的心情,你愿意给他/她独处的时间和空间。

2. 给对方调整的时间

这段时间对方也许需要调整,他/她需要一点儿时间来重新认识自己、思考关系,或者他/她还没有完全适应这种亲密无间的关系,正好可以在这段时间调整下节奏。冷漠的一方可能没有新的计划,只是跟原来一样,约朋友、同事打打游戏、吃个饭,或者跟单身时一样宅在家里。这种简单的回归会让他/她意识到,他/她还可以有独立空间和个人生活,而这些在热恋期似乎已经消失。这表明,就算是在热恋中的人,也需要有自己的时间和空间。当他们意识到和另一方的关系太亲密,且这种亲密关系几乎占据了他们所有的闲暇时间时,他们可能就会有些慌乱,并觉得自己很有必要冷处理一下和另一方的关系，让自己透一口气，并顺便确认即使自己在热恋期也不会丢掉之前的习惯和正常的社交圈子，也并没有被束缚，从而让他们找回心底的那一块独属于自己的安全空间。

3. 给自己一段独处时光

在热恋期，情侣们很容易忽略一些问题，无限放大恋人的优点，但时间长了就会暴露很多问题。这些问题其实一直都存在，只是被热恋的激情给蒙蔽住了。所以，你也需要一段时间重新审视热恋中的自己、跟恋人的关系及未来。利用冷淡期的独处时光，你可以思考在以后相处中需要注意的问题、你对恋人的期望和要求。

同时，要利用好这段独处的时光，好好完善自己。你要让自己有事可做，发展兴趣爱好、参与社交活动也好，跟朋友喝咖啡、逛街也好，都是可以的。要记住，过好自己的生活才最重要。

4. 适度沟通和约会

冷淡不等于彻底切断联系，适度的沟通非常有必要，你可以表达关心、问候，也可以进行生活上的必要交流。你也可以告诉恋人自己在做什么，让他知道你可以适应这种独处。独处期间可以偶尔见面，但是约会要更有质量，不要为了约会而约会，如果两个人见面后无事可做，那双方可能会越来越疏远。当感觉恋爱没有意义时，恋人会更想回到独处空间。

假如顺利的话，也许不需要你做什么，两个人会自然度过冷淡期。你们可能会比热恋时见面少，但你们的恋爱生活会更有规律、更有节制。假如冷淡期持续得有点儿久，那你也可以理性地跟对方交流，沟通你意识到的问题和改变现状的办法。

总之，你应该先过好自己的生活，并让对方知道你过得不错，在独处时间反省你们的关系和自己的问题，然后进行理性沟通。以下破坏关系的情绪化行为，你尽量不要有。

1. 急着下结论

恋人表现冷淡，大部分人会一脑子问号："他／她为什么不跟我联系？""他／她上周不是这样的，为什么突然变冷淡了？"由于需要时间和证据来验证，所以你越来越困惑。你觉得不是自己的问题就是恋人的问题，要么责怪自己，认为自己做得不够好；要么责怪对方，认为他变心了。

不管你的想法属于哪一种，只要你开始猜测原因，就表示你已开始内耗了。所以，不要急着下结论，还不到时间，这是恋爱关系当中必然会出现的阶段，请先过好自己的生活，时间会给你答案的。

2. 以冷制冷

有的人自尊心特别强，恋人表现冷淡，他就"你这么对我，我也同样对你""你不理我，我也不理你"，甚至当恋人主动示好时，他会有一种逆反心理："你现在又热情了？我还不想理你呢！"假如你真的不想再跟对方相处，可以提出分手。但凡你还想走过冷淡期，跟对方继续交往，那请千万别以冷制冷。恋爱不需要较量，而是需要沟通与理解。

3. 急于证明自己的存在

在冷淡期，有的人会用各种形式来唤起恋人的关注，但又不能直接跟对方联络，只能借着朋友圈来展示自己，希望打破冷漠，重燃热情。比如：晒图晒文展示生活和情绪，佐证自己现在过得很好，甚至比热恋时还要好；或者佐证自己很痛苦，一副没有对方就活不下去的样子。这两种行为都有些过火，确实能让恋人注意到你，但也很容易引起对方的反感。

过激的语言也会适得其反，比如"我一个人同样精彩""没有你，我的生活更好"等语言会伤害恋人的自尊心。正确的表现是，比平常稍显积极，让对方知道你能处理好自己的生活，同时你积极乐观的态度又能激发恋人对你的关注。

上面说的都是新鲜感退去后引发的冷淡，是比较常见的情况。假如对方的冷暴力超过一个月，你的主动示好和沟通交流都没得到回应，那么基本上你可以考虑结束这段关系了。就心理感受而言，主动选择要比被动接受更让人舒服，尤其是问题在对方身上时，你主动提分手会让自己处于心理上的主导地位，也能更快地

投入新的生活。

　　恋爱不像影视剧里演的那样,我们很难把握恋爱中的节奏和尺度,也很难做到运筹帷幄或提前布局。作为一对一的具有唯一性的社交活动,恋爱需要我们保持理性,远离情绪化的内耗行为。

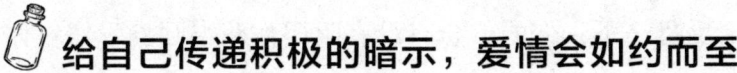 给自己传递积极的暗示，爱情会如约而至

在《廊桥遗梦》里，罗伯特·沃勒说："所有人都生活在自己的过去中，我们会用一分钟去认识一个人，用一小时去喜欢一个人，用一天去爱上一个人，然后呢，却要用一辈子去忘记一个人。"因为最后没有走到一起，所以我们要花时间忘记曾经的爱人。爱情很难，它曾难倒无数英雄好汉；爱情很美好，它让每个人为之奋斗不息。

心理学家做了一个实验：把一只跳蚤放进玻璃杯里，跳蚤很轻松地就跳了出来。试验了很多次，都是同一个结论。测试显示，跳蚤可以跳的高度是它身体的400倍。后来，心理学家又把跳蚤放进杯子里，并给杯子扣上一个盖子，这次跳蚤无论如何都跳不

出来。后来,心理学家把盖子拿走了,跳蚤还是无法跳出杯子。

这就是关于"心理高度"的实验,它是人无法取得成功的一个原因。你不能突破自己,无法拥有圆满的爱情,其实也是因为你默认了最后的结果:"我不会恋爱成功"。你的信念支配了你的行为,决定了你是否会遇到合适的人,及能否发现更好的相处模式。

现在请反思一下:你的信念有没有阻碍你获得圆满爱情?你是更渴望收获爱情呢,还是发自内心地认为自己不会遇到真爱?假如你认为自己不会找到伴侣的信念更强的话,那你可能一直找不到对的人。所以,你需要换一个信念,给自己传递积极的暗示,这样爱情就会如约而至。

第一步,分析自己固有的信念。你对爱情的信念关系到你是否能获得爱情。假如你因为一次失恋而否定自己,觉得自己有问题,不配得到爱情的话,那你就会离爱情越来越远。

第二步,改变固有的信念。假如固有的信念成了你的障碍,那就果断改变它。你可以读一本跟自我价值有关的书,借助认知重组、冥想等方式改变之前的信念。当你对自己有了新的认识时,你会发现自己的优点,会肯定自己的价值,认为自己值得拥有更好的。

第三步,及时树立新的信念。你可以在恋爱交往的过程中,在积极的自我暗示下树立新的信念。当在恋爱中遇到麻烦时，问问自己："那些积极的理性的人，会怎样解决这样的恋爱问题？"然后，按照你给出的答案去解决问题，让自己成为一个积极又理性的人。在树立新信念的过程中，只要你走出第一步，你就会获得很大信心，这是重拾自信的好办法。

当你改变了固有信念，并在实践中树立了新的信念时，你会发现自己在改变："可能，我还没遇到合适的人。"在相亲失败后，你会对自己说："我会拥有更好的爱情。"对爱情的期望也变了，以前你"缠着对方，害怕失去"，如今你会给双方自由，让爱情成为历练，希望因为爱情而成长，而不是内耗。

余生很长，请不要急着失望。现在，你可以想一想自己渴望的爱情是什么样子的，按照你现在的期望去努力，积极而理性地去处理恋爱中的问题，相信你会获得美好的爱情，也会遇见让你终身幸福的那个人。

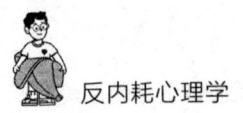

不因索取而内耗，付出才会收获幸福的满足感

巴金说："我的一生始终保持着这样一个信念，生命的意义在于付出，在于给予，而不是接受，也不是争取。"付出跟回报是因果关系，没有付出哪里会有回报。当一个人全身心地付出后，他才能感受到付出的意义，并收获幸福的满足感。满足感是一种强烈的、积极的情绪体验，能让人从内心深处感到愉悦、幸福。

如果你的工作进入倦怠期，你就会失去对工作的热情，在工作上越来越消极，不断内耗，有一种筋疲力尽的感觉。每天早上踩着点儿到达公司，坐到办公桌前就期待下班。面对领导安排的任务，你不停地抱怨工作超额，能拖几天是几天，到最后时间节点时才匆忙去做，形成拖延的习惯。还记得那个刚工作时每天精

下篇　情绪价值：管理情绪让你又美又飒

神饱满、兢兢业业的自己吗？不知从什么时候开始，你已不再把工作上的事情当成自己的事情对待，总是摆出敷衍了事的姿态。

当朋友跟你聊工作的时候，你总是抱怨："就像签了卖身契，它快把我的时间和精力都榨干了。"朋友建议道："要不辞职吧，也许换一个工作会好一些。"你说："不行啊，找工作也不容易，为了养家糊口凑合着吧。"于是，你抱着被压榨的心态，继续在工作岗位上熬日子。

作为一名负责任的父亲或母亲，随着孩子一天天长大，给他报了好几个补习班，有绘画班、声乐班、钢琴班、篮球班，花费了很大一笔钱。当孩子累了闹着不去上课时，你非常恼火："你是不是来讨债的，为你花了那么多钱，你不认真学，对得起我吗？"

亲戚劝你："干脆少报两个班，上太多课不仅花钱多，孩子也挺累的。"你却说："没办法的事，他们班同学都这样，不让他学，到时候出现短板就来不及了。唉，当父母就是被压榨的命！"

你觉得工作耗费了你的时间和精力，每天发着牢骚；你觉得养育孩子花光了你的金钱，想起来就一通抱怨。你沉浸于负面情绪中，忘了反思一下：你是用什么样的心态来对待工作和孩子的。你觉得好像身边遇到的各种事情和人，都在有目的地榨取你的价值。

心理学家认为，人们更愿意为自己积极主动的选择买单。假

如一个人抱着主动付出的心态去工作,那繁忙的工作能让他感到充实;假如一个人抱着付出的心态去养育孩子,愿意为孩子花费金钱让孩子更优秀,那他就不会心疼花在孩子身上的钱。

可是,假如一个人心里想到的只有"被榨取",因此想向别人索取些什么,那他就会生出很多的不情愿。因为,索取往往代表着不情愿为对方付出。

面对不情愿做的事情就会心生抗拒。一个人在处理工作或有关家庭、孩子等的事情时,如果出现了抗拒情绪,那他就很难做到最好,也不能获得相应的满足感。相反,如果以付出的心态去做相同的事,那他就会觉得一切都那么有趣,最重要的是,内心会收获幸福的满足感。

在工作的时候,你可以这样想:"我是不是能为团队多出一份力?这样,不仅有了锻炼的机会,还能对同事们有积极的影响。大家都处于热情饱满的工作状态,领导自然也不用担心公司的业务了,这对公司发展也有好处。"如果能这样想,你就会发现工作让你有了更多施展才华的机会,并感到非常满足。

在家庭生活中,身为父母要经常提醒自己:"我愿意不求回报地爱'吞金神兽',我让孩子来到这个世界上,应该无条件地去爱他。为了让孩子变得更优秀,我愿意付出金钱和精力。"在和另一半相处的时候,也不要紧盯着对方为你付出了什么,而是你回到家是否为对方准备了美味饭菜,是否将屋子打扫得干净,是否在对方需要的时候给予帮助和陪伴。

当你用这种付出的心态想问题、做事情时,你就会发现自己收获了更多,不仅收获了领导和同事的认可,还收获了妻子/丈夫的感谢、孩子的亲昵。尽管付出让自己很忙碌,但是不再因索取和抱怨而内耗,并收获了幸福的满足感。

反内耗心理学

不做"yes父母"

现在有很多年轻的父母推崇西方的"yes父母",这种全心全意给孩子爱的做法很令人感动,但是这样真的对孩子好吗?其实,"yes父母"教出的孩子往往以自我为中心。为什么会这样呢?因为这些孩子在上学之前,完全就是整个家庭的中心,他们认为全世界都得听他/她的,每个人都得围着他/她转。

不会说话之前,孩子在不顺心的时候,一般会张嘴哇哇大哭,而且大部分情况是假哭,只是借此威胁父母,达成目的。如果遇到"yes父母",孩子就学会了用感受来控制别人。但是,我们生活在一个真实的世界里,没有人会像"yes父母"那样对孩子永远包容和付出。

下篇　情绪价值：管理情绪让你又美又飒

就教养孩子来说，心理学家认为，孩子最需要的父母是"最好版本的自己"。当不懂事的时候，比如婴幼儿时期，父母应该完全满足孩子的需求，想吃就吃，想睡就睡，想抱就抱一会儿。但当孩子懂得察言观色，可以理解父母的意思之后，父母就要让孩子学会懂礼貌和建立界限感。

父母需要掌握一个非常重要的原则，即在拒绝孩子的要求时，一定要先说出孩子的需求和背后的情绪，让孩子知道父母理解他。

比如：孩子在社区游乐园玩耍，但是已经天黑了，考虑天气、安全和作息等问题，你想带他回家。这时，你可以这样说："宝宝现在还想继续玩，可是太阳公公已经下班了，我们也该回家了。我知道宝宝很伤心，因为你真的想继续玩。那这样，明天我们早点儿出来玩好吗？"

我们说出孩子的需求，并理解他的情绪，然后用一个听起来很好玩、很新鲜的建议来转移孩子的情绪，并给他台阶下，这样孩子自然会听取建议。

现在有些父母竭尽所能地不对孩子说"no"，可是孩子需要的不过是"最好版本的自己"的父母，是那些真正快乐自在的父母，而不是执着于某些教育原则或者某些固有、僵化想法的父母。

有些家长将自己童年的缺失毫无原则地弥补在孩子身上，这对孩子来说不一定是好事。父母执着地在孩子身上寻找价值感，最

后可能会依赖孩子对自己的依赖。

怎样才能让孩子积极面对现实呢？有些夸奖型父母天天给孩子加油助威，"宝贝是最棒的""宝贝是最好的"，一心给孩子传递"正能量"。然而，孩子哪能永远最棒、最好，因此这些孩子长大后，往往经不住挫败、打击，容易变得抑郁。大家不理解：你父母如此开明，又这么支持你，你为什么会抑郁呢？

其实，这些满口赞美、不断夸奖孩子的父母，就是在跟孩子强调：你不应该输，不应该平庸，也不应该比别人差。在这种环境下生活的孩子，压力很大，心很累。

那么，我们应该如何赞美孩子呢？孩子成绩优秀、登上电视舞台、篮球打得出色，都不赞美吗？当然必须得赞美，不然做父母的又走了另一个极端——觉得孩子永远不够好。

如何适度地赞美孩子呢？你可以跟孩子一起享受成功的喜悦，赞美孩子努力付出的过程，而不是赞美他的天赋、结果。父母应该让孩子有这样的认知："我有一定的天赋，但是练习和努力的过程更重要。"只有让孩子了解真实的自己，他才不会对自己有过高的期望和幻想。

在《心态致胜：全新成功心理学》一书中，有这样一个例子：九岁的小伊去参加体操竞赛，她在几个项目上都表现很好，但其他参赛者的实力也很强，尽管小伊最后进入了总决赛，却没有赢得前三名。假如你是小伊的父母，你会对她说什么？

孩子受挫后一定非常难过，需要父母的认同和抚慰。但是，用不适当的言语来安慰，可能会影响孩子以后的性格。比如下面几种说法就是非常不当的。

（1）"我觉得小伊是表现最好的一个。"

分析：父母在说谎，对孩子没有一点儿帮助。

（2）"你被夺走了属于你的奖牌。"

分析：这是"甩锅"给其他人，可千万别让孩子养成这种习惯。孩子应该对自己负责，她的表现很好，但不能赢得奖牌是客观事实，不能引导孩子把自己的不足"甩锅"给他人。

（3）"体操其实也没有那么重要。"

分析：这是在传递一种信号，在不能马上把一件事情做好时，就贬低或放弃这件事，你觉得这有益于孩子的心理健康吗？

（4）"你有能力，下次再努力一下就可以胜出。"

分析：这个回答最可怕。父母在鼓励孩子做自己能力范围之外的事，会让孩子高估自己，产生不符合实际的期望和幻想，并一生都在为这个期望而较劲、奋斗。你想让孩子在追逐和挫败中挣扎吗？除非你自私地把孩子当成自己出人头地的工具。

（5）"你的表现不太好，确实没有资格进前三。"

分析：这个回答有点儿残酷，请你委婉一点儿表达。

积极的父母会这样说："宝贝，我了解你的感受，你对这次比赛抱有很大的希望，付出了很多的努力，又做出了自己的最佳表现，但没有得奖，肯定很失望。但你知道吗？你离得奖还差点儿火候，有些选手训练的时间比你长，先天条件也更好一些。假如你非常喜欢体操，就继续加油，享受每一次训练过程，你可以再努力一些，但不要执着一次的结果。"

意思很简单，假如是为了兴趣，一次的胜负就没关系；假如想要得奖，那就需要更努力一些。这是在教导孩子积极地去面对现实，妄自菲薄、妄自尊大都不可取，应该一步一个脚印地去做自己想做的事。

你发自内心地爱你的孩子吗？还是将他当成帮你加分的工具人？或是把你童年的缺失投射给他，增加他的心理负担？做个积极又明智的父母吧！别跟孩子互相内耗了！

第八章
打工人不焦虑,情绪积极才能高薪又高兴

有些人在工作上非常励志,他们会说:"等我赚够钱,我就可以尽情开心了。""等我实现了财务自由,我要周游世界。""等我成功了,我就开始好好享受生活。"……在这些人的思想中,开心是努力之后的奖励,是付出辛苦之后的收获。其实,他们搞反了顺序,情绪积极的人更具有工作动力,高兴是获得高薪的基础。

 "越努力越幸运"还是"越努力越焦虑"

老师和父母都告诉我们"越努力越幸运",可进入职场之后却发现事实并非如此,"越努力越焦虑"才是常态。通常情况下,努力程度确实是关系一个人成功与否的关键品质,但假如努力并没有让现状发生改变,你还会认为越努力越幸运吗?

努力后的结果不符合预想,大多有两个原因:一是努力的方向不正确;二是比我们优秀的人比我们还努力。

你会遇到很多努力的人,他们兢兢业业,过着家—公司—餐厅三点一线的规律生活,但他们还是表现出一副焦虑的样子。你可能也会有这样的疑问:"为什么如此努力了,还是对生活充满焦虑?"其实大家不是因为努力本身而焦虑,而是因为一直努力却得不到想要的结果而焦虑。"越努力越焦虑"的根本原因就是欲望没有得到满足。

很多时候,人们努力过后没有得到预期的结果,就会出现失意和焦虑情绪。可见,努力也可能给我们带来焦虑情绪,让我们陷入越努力越无力、越努力越内耗的怪圈。

我们都知道,人的欲望是无穷无尽的,特别是在这个信息爆炸的时代,人们对财富的追求也越来越狂热,在事业上都想做出成绩。

那些努力又焦虑的人,并不是因为自己热爱而奋斗,而是焦虑驱使。因为没有得到期望的认同而产生焦虑,努力仅仅是摆脱这种焦虑的方式。他们会努力变强,然后在变强之后进入二次焦虑状态。这种不断叠加的焦虑会让他们体会不到努力的意义。

我们为生活疲于奔命时,殊不知生活离我们越来越远。我们整日绷着神经冲业绩,完全忽略了家庭和身体,丢弃了自己的兴趣爱好,把自己变成"机器人",结果只能越努力越焦虑。很多人还在坚信越努力越幸运,殊不知它在向人们灌输一种错误的认知,让事业处于起步阶段的年轻人因努力带来的焦虑而内耗。

心理学家建议,人在必要时可以放弃那些无谓的努力。对持"努力成功"论的群体来说,这一说法很难接受。"放弃努力"会让他们生出恐慌情绪:生活已经这么艰难,还要放弃努力,那

人生不是会变得更糟糕吗?比如:初学游泳的人,当他们双脚无法着地的时候,心里会非常慌张,假如能抓住点儿什么,就算是一根小树枝,也会不惜一切地抓牢。

我们坚持着自己的信念:努力会让自己有钱,努力会让自己有好成绩,不努力就会失败……于是,我们放弃了生活中的很多美好,一直沉迷于努力,因努力而焦虑,因焦虑而内耗超标。

努力要适度,一旦发现自己对结果产生了焦虑,就马上停下来,用有趣的事情转移一下注意力,千万不要急功近利。无论是在工作还是在生活中,我们都应该做到适当、恰当的努力,并用正确的努力方式让自己幸运起来。

高薪重要，高兴更重要

在职场奋斗一段时间后，很多人都会感到困惑："跟以前相比，我现在赚了更多钱，但为什么没有比以前更开心？"

是觉得赚钱太累吗？有一点儿。工作、生活和休闲之间的界限越来越模糊。看新电影、新电视剧，陪孩子去游乐园，在家里睡觉时，都有可能接到工作电话。

是觉得心理不平衡吗？有一点儿。为什么别人刷视频、陪家人时，自己需要聊工作？为什么别人下班就能躺平放松，自己却还要加班加点？

是担心有一天会失去吗？有一点儿。努力得到回报确实值得高兴，但随着收入的增加，我们内心的欲望也日渐膨胀，免不了

会担心一朝收入下降又回到从前怎么办。如果真的回到刚工作那会儿，不仅心理上要承受由高到低的落差，消费上也会由奢入俭的，这对人来说是一种煎熬和巨大的考验。

关于金钱与幸福的关系，美国作家摩根·豪泽尔在《金钱心理学》中提出，两者的相关性大约是0.25。他认为在0.25之前，金钱跟幸福成正比关系；在0.25之后，两者基本上关系不大，他将这种情况称为"金钱边际效用递减"原则。

由此我们知道了，高薪与高兴并不总是成正比的。因此，当基本物质被满足，薪水越来越高之后，我们可以暂停大赚大花的模式，关注一下自己的精神世界，想办法让自己在没有更多金钱支撑的前提下持续高兴下去。

对一些人来说，高兴其实是比获取高薪更困难、更重要的修行。

杨绛说："你的问题主要在于读书不多，而想得太多。"可是，你看了很多书，还是不高兴。林语堂说："眼光放远一点，你就不伤心了。"可是，你当下很难过，就算知道几个月后自己就不记得，你还是很不高兴。路遥说："人活一生，值得爱的东西很多，不要因为一个方面不满意，就灰心。"

30岁实现高薪以后，我们应该将"高兴"看作更高的修行，关注自己的生活状态，让自己变身成高兴的"供应商"，自己为自己"供应"高兴，而不是依靠他人获得高兴。关注每一天的能量守恒，假如白天过得有点儿辛苦，那晚上就给自己创造一个小惊喜。在日常生活中，不断给自己制造一个又一个的小确幸，让自己持续拥有高兴的人生。比如：做出了一些小成绩，就给自己一个小奖励，即要上进更要及时行乐。就像好利来的老板罗红，年轻时喜欢摄影，在企业做出成绩后，他就抽出时间，带上金钱，拿起手机，转身用镜头去记录美好的世界。

总之，人生在世，开心最重要。没有必要跟谁去比较，也不必焦虑、内耗。无聊了就提醒自己看会儿书，焦虑了就提醒自己换个思路，生气了就提醒自己去锻炼身体，出现落差了就提醒自己不要执着。在有心有力的前提下，钱能多挣还是要多挣，但千万别赔上好心情，不高兴了，挣多少钱都没有意义。高薪重要，高兴更重要。

内卷再残酷,也要专业感溢出

有人抱怨现在的工作环境内卷太厉害、太残酷,甚至好多人因此而严重内耗。真的是太内卷了吗?还是我们的工作能力没有提升?我们没有把工作做精、做专业?俗话说"三百六十行,行行出状元","状元"就代表了专业,因为有"金刚钻",他们才敢揽下"瓷器活"。公司里的"问不倒"和"万事通",就是把工作做到专业感溢出的杰出代表。专业感溢出,是指工作在保质保量完成的前提下,有了更深一步的延伸。通常专业感溢出的人都具备以下特质。

1. 不会"勤奋"地偷懒

在网上看过一篇帖子,某日用品公司的广告策划奉行"勤奋地偷懒",规定整部戏里必须有300秒演员刷牙的镜头。这样既方便统计工作量跟领导交差,又方便将报酬数据化。可电视剧里某个广告效果如何,不是由时长决定的,而是在于能否完美地将产品融入剧情,优秀的广告只要一个镜头就能成功。

有些人在工作中只在意表层考核指标的延长线,宁愿让大家看见自己出工了,也不愿意花时间和精力去钻研专业知识,把工作真正做好。

而那些专业感溢出的人,不会像这样"勤奋"地偷懒,而是会真正表里如一地做事。他们不会刻意粉饰外在,而是会专注于工作的内核,致力于高质量地完成工作,达到专业感溢出的效果。

2. 做"透"自己的工作

某大学生去打印店里打印论文,刚拿起订书机准备订,打印店老板问道:"你的资料有多少页?这个大订书机最多只能订55页,不能再多了,超过55页就订不上了。"

大学生偏不信,觉得自己的论文60页,只超出5页,只要用力一点儿完全能订上。于是他使劲一按,果然有5页没订穿,他赶紧赞扬老板有经验。老板说:"我亲手订过的论文数,远远超过你们全校同学看过的。"

不妨脑补一下,老板一次次对订书机承载极限的试验和总结,可见他在工作的其他方面也会很用心和投入。而有些工作几年的

年轻人之所以在工作上没有什么长进，原因是他们后面几年不过都是在重复第 1 年的工作经验而已，他们的目的仅是把工作做完，而不是追求把工作做"透"。

在努力做到专业感溢出的过程中，工作者一般会依次出现三个境界。

1. 看上去很专业

前外交部副部长傅莹认为，形象也属于表达。她提出，出席隆重的礼兵活动，最好穿中式服装；参加开幕式，要穿着有文化元素的服饰；工作场合，最好穿西服套装。2013 年，她第一次为发布会做准备时，选了一套浅灰色西服，穿上显得低调而庄重。但踩点时，她发现西服颜色跟背景墙上的大理石非常接近，于是，她就换成了宝蓝色上衣和黑色裙子。

看上去很专业的人，懂得形象也是职业表达的一方面，他们的穿着会体现出对工作的上进心和敬畏感。

2. 听上去很专业

参加员工培训时，讲师提到过一个例子：小章在深圳某公司工作，其所在公司在香港设有办事处，他第一次打电话过去，那边的同事接起电话说："你好，××公司。"当时，小章感到惊讶，因为第一次从电话里听到自报公司名字的，感觉个人跟公司融为一体。

听上去很专业的人，工作时，能做到精准表达、情绪稳定、思路清晰、言之有物。他们跟外行人沟通时，能降低专业难度，尽快达成共识；跟内行人沟通时，能运用行业术语，快速解决问题。

3．在工作中找到价值感

有一个关于品控的故事。美国某公司代表来日本的合作厂家进行检查，对任何细节都不放过，即便在仓库看到一瓶机油，也要认真论证用途，甚至趴在地上检查是否有啮齿动物的痕迹。检查结束后，厂家的品控问代表："检查这么严格，是否跟贸易壁垒有关？"代表回答："我只是在做分内事，保证食品安全。"

有些人从不认为自己就是一个打工人，工作就只是为了赚点儿钱，而是从普通的工作中找到了价值感和使命感。

行业薪酬统计或排行并不可信，因为大部分行业的收入是金字塔结构。工作可能分不出高低，但专业感能分出高低，专业感溢出的人往往是最值得尊敬的。那些不背台词靠数数对口型的演员、那些摔倒起身后忘记专业补救的模特，人们不给面子，指责他们不配有高薪酬，因为他们不专业。而做剧组茶水工 28 年的杨容莲，却在第 37 届香港电影金像奖颁奖典礼上获得"专业精神奖"，原因就在于她执着的专业精神。

以前我们习惯把工作分为体面的和不太体面的，但有些人在体面工作中表现得不专业，有些人在不太体面的工作中却表现得

 反内耗心理学

很专业。所以,工作并不分体面与不体面,无论做什么工作,只要专业感溢出,就是体面的。

可见,出现内卷也从一定程度上说明这些人的工作水平都差不多,导致他们都挤在一个瓶颈里,所以"内卷"了。如果我们能像杨容莲那样去工作,哪怕是再微不足道的一个职业,我们都能将它做得专业感溢出,做得闪闪发光,那个时候,我们还会内卷吗?还会内耗吗?所以,提升我们的专业能力,不但是我们逃离内卷环境的法宝,也是我们摆脱内耗的必要之法。

远离负面思维，享受努力工作的乐趣

很多人都有这种体验，觉得自己真的已经非常努力了，可一直没有得到任何收获，以致觉得人生没有意义，整日无精打采，不断内耗。于是，他们认为是命运导致自己的窘境和平庸。其实，命运不会辜负任何人的努力。努力也许不会让你成功，但肯定能带来收获。假如你努力了却得不到收获，那就意味着你的努力有水分，或许是自欺欺人，或许是掩人耳目。

周老师参加了一个由教育厅组织的高校教师培训课。课上，教育部的专家传达了部里的指示：高校教师既要在课堂上传播知识，更要在网络上传播正能量。那些表现优秀的老师不仅能荣获表彰，还能在评定职称时获得优先资格。

反内耗心理学

学员听后都沸腾了,然后开始分为几个小组进行讨论。周老师的小组有十多位老师,大家都很激动,积极地为传播网络正能量而出谋划策。周老师虽然没有积极发言,但他也在心里暗暗思考,打算抓住这个机会。

培训结束后,刚开始那几个月大家还会在网络上传播正能量,一年后就只有周老师坚持科普心理学方面的知识。尽管他的流量与网络大咖相比还差得很远,但也有不少读者留言,说因看了他的文章而获益。

当时一起培训的老师很多,为什么大部分人慢慢都放弃了?其实,有四种负面思维会阻碍人们努力,我们必须赶走它们。

1. 拿"做了没用"当借口

在小视频流行的今天,很多内容创作博主都想知道,如何能让公众号一个月内涨粉一万。不知道他们是否想过,假如写作的成就感取决于粉丝的关注量,那写作这一行为恐怕很难坚持下去。

人们总是对速成的捷径很感兴趣,因此有人给出这样的建议:"著名网络大咖××姐,正在为自己的微博寻找有潜力的作者写书评,赶快去投稿吧!如果上了微博推荐,那粉丝们肯定来围观你。"这是一个不错的建议,但对方却用各种借口来回应:

"微博早就不行了,搞这样的事情有什么意义?"(无意义论)

"一周要拿出两篇书评，太麻烦了，我还有工作呢！"（怕麻烦）

"我看了几篇微博文章，大部分才有十几条转发、几十个赞。非常慢，纯粹耗时间！"（嫌见效慢）

归纳一下，这些借口的意思就是这件事"做了没用"。

我们在生活中经常会听到这种"做了没用"的借口，而那些使用这种借口的人，也并没有积极地做一些有意义的事。或者，他们"做了没用"的背后是"不想费力"。

而一名积极的内容创作博主则会这么思考：

（1）微博上有非常庞大的活跃用户群，假如想做自媒体，微博无疑是比较重要的阵地。除了微博，其他的网络平台也都可以战斗。

（2）一夜成名这种事落到我头上的可能性很小。无论做什么事情，过程的意义都要比结果大。我只需要继续坚持下去，就会积攒一个又一个的小确幸。

如果你认识的朋友做任何事都索然无味，一副不想费力的样子，那请你远离他，因为"无聊"的毁灭性和传染性都很强。

2. 拿"没时间"当借口

"我最近很忙，没时间。"

"哥们儿，最近事情特别多，这事以后再说吧！"

"我最近非常忙，又是筹划新项目，又是配合审计，家里的孩子也让人操心。这件事你先进行，等我忙过这段时间就好了。"

你可以罗列出自己一天的事情，看看自己是真的在忙还是想偷懒。其实，"没时间"不过是一种自己骗自己的借口罢了。很多人习惯把事情拖到最后一刻，然后迅速地忽略质量地去搞定，并自我安慰：我已经非常努力了，可惜时间太紧了。

成功并不复杂，谁在单位时间内做的事情更多，谁就更容易成功。或者说，偷懒的人做事情都是串联式的，一定要做完这件事才能再做下一件，而且很容易出现系统短路或者崩溃；而努力的人做事情都是并联式的，能够同时进行多项工作，就算某一条线路断了，其他线路也能有条不紊地继续下去。

假如你总觉得"非常忙，没时间"，也许是你大脑的工作效率低下，你需要想办法提高它的运转速度。毕竟，职场是很残酷的，没有人会在意你是偷懒还是努力，也没有人在意你是不是真忙。

3. 给自己贴标签

有些人很喜欢给自己划分属性，贴上标签。

"在学习方面，我们××地的人没有你们山东人积极！"（××地是因懒惰出名的吗？）

"假如××姐不理我怎么办？我是一个很内向的人！"（网络大咖都不怎么搭理人，我们一定要因此而痛苦吗？××姐的网评已经很好了！）

上面的两种说法尚可辩驳一二，下面的这种说法就让人无言以对了。

"命运只会选择那些被它选中的人，我再努力也不会被眷顾的！"

对在职场奋斗的你我来说，不会有完全不能去做的事情。现在的你我源于我们过去的所有经历，将来的你我源于我们现在所做的所有选择。从来不存在一成不变。撕掉身上那些逃避的标签，勇敢地做出改变，你的梦想终有一天会实现。

所以，为了实现梦想，请不要自己埋没自己，自己给自己贴丧气的标签，请勇敢地去践行，舍弃无谓的尊严。告诉自己："越软弱越焦虑，除了勇敢，你别无选择！"

4．尽力就好

"鸡汤文"中经常出现这样一句话："千万别勉强自己，尽力就好。"可事实上，对工作压力越来越大的职场人士而言，偶尔勉强自己一下反而是好事，因为只有更努力一些，我们才有机会更强大。让自己更强大的确很辛苦，但不强大更辛苦。

所以说，"尽力就好"不过是在自我安慰。

在工作中，我们不仅找了很多理由来逃避困难和挑战，还自我安慰"尽力就好"，但"尽力就好"通常意味着放弃和失败。

有时候我们需要勉强自己一下,再坚持一会儿,马上就达成阶段性目标了。

在压力倍增的今天,与其借着"去看看世界"来逃避压力,不如反思一下如何在职场胜出。也可以这样理解:与其一味逃避压力,不如跟压力携手前行。

一次勉强自己,你也许能突破现状,后面的事情也跟着水到渠成。当然,在职场中,我们不勉强自己,领导也会让我们勉强自己,不过积极的自我勉强能量更大一些。只有发自内心地去努力,只有摒弃这些负面思维,努力才会变得有效,也才会变得更有意义。

在努力的过程中,如果能不被这四种负面思维左右,我们就能远离内耗,更好地享受努力工作的乐趣。其实,努力这件事很简单,你只要去做就好了,"做"的意义远大于"做好"。

担心随时被淘汰,说说知识焦虑

在信息匮乏的年代,人们会因落后而感到焦虑;然而,在信息爆炸的今天,我们每天都能接触到海量的信息,轻触手机网页,手指下滑,各种信息便会涌入眼帘,但网页刷得越多却越疑惑,信息社会如此便捷,为什么我们还没消除焦虑?我们每天读书、听书,接触各种知识,为什么焦虑、内耗不但没有得到缓解,反而日渐增多。

聚会时有朋友提出,不带功利性地坚持阅读是有好处的,但也要看阅读的内容。我爱人一度喜欢关注"大V",时不时跟身边的朋友推崇"大V"的言论。的确,他们的言论能让我们获得短暂的欢乐,但几乎学不到什么有用的知识。

这就是快餐文化的特点，什么不会就去学什么，于是各种知识付费项目应运而生。然而在一番学习后，大部分人得出这样的结论："道理都明白，依然过得不太好。"

身边的朋友越来越优秀，我们总是主动或被动地拿自己跟别人比较，比不过的时候，心就开始发慌，担心别人能力更强、专业知识掌握得更多，从而薪水更高、职位更高，危机感掌控大脑，这就是知识焦虑。其根源在于对未来的不确定性，我们担心被未来淘汰，于是开始走上自我学习提升之路。

但那些通过知识付费的方式去学习的职场人，为什么还是没有摆脱知识焦虑呢？原因很简单，社会高速发展，职场人也忙得跟陀螺一样，能利用的不过是一些碎片时间。所以，知识付费跟学校的系统学习有很大不同，提供的多是碎片化知识，产生效果不是很明显。比如：我们利用碎片时间浏览了很多关于某个主题的资料，但等到需要用时却一个都想不起来。此外，理论知识跟实际应用也有较大差距，如一个人拿到了驾照却不敢开车上高速。而且，理论知识还具有批量生产的特点，我们对知识的质量也无法验证。因此，知识付费并没有让一众职场人摆脱焦虑。

在信息爆炸时代，没有用的知识很多，正是因为经常浏览这些没有用的知识，我们才出现了知识焦虑。而要想远离知识焦虑，我们就要学会辨别，找出哪些是对我们有用的真知识，哪些是扰乱我们视线、浪费我们时间的伪知识。

不过即使是真知识，它也是碎片化的知识，跟系统性的知识没法比。因此，如果你把能力提升寄托于碎片化知识的学习上，觉得听了某个专家、教授或成功人士的演讲就能升职加薪，那肯定不现实。实际上，当你支付了高昂的费用去学习这些碎片化知识时，它是否有用、有多大用，谁也不能对我们做出保证，当学习完却发现一无所获时，我们的知识焦虑程度反而会加剧，内耗也会更严重。

可见，知识付费并不能帮助我们缓解知识焦虑。而要想在这个知识爆炸的时代学到于己有用的真知识，从而缓解知识焦虑，我们就要做到以下三点。

（1）端正学习态度。我们要清楚一点，学习知识是一个长期的过程，切忌急功近利。

（2）构建知识体系。在学习的过程中，要学会构建自己的知识体系，有了属于自己的完善的知识体系，我们才能完全掌握和吸收碎片化知识。

（3）多学习实用的知识。我们应该多掌握一些实用的或者可操作的技术知识，从而更好地帮助我们工作与生活。因此，学习时一定要注意知识的实用性。

学习的目的是提升能力，增强竞争力，让自己在职场中达到一个理想的层次和高度。因此,如果学习不得其法,可能最终不但无法缓解焦虑,还很有可能导致焦虑加剧。因此,我们在学习之前就需要慎重考虑,搞清楚自己真正需要的知识,因为知识无限而人生有限,用有限的人生多学习一些有用的知识,我们才不会被时代淘汰,不会因焦虑而内耗超标,进而成为一名持续上进的职场人。

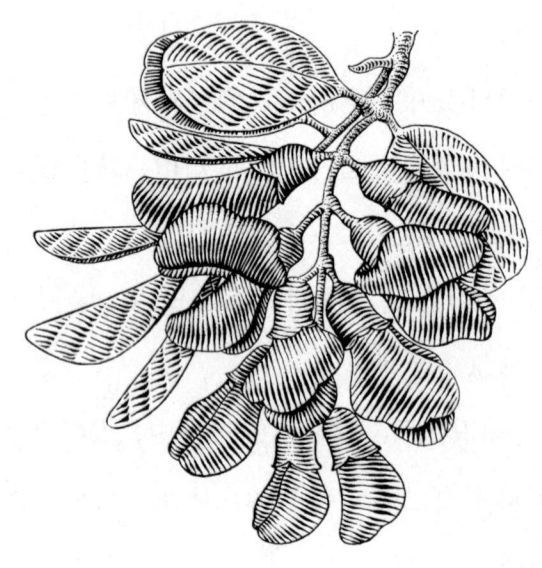

实验平台设计时保留一部分长期对照的流量，例如，留 5% 的用户不进行任何策略触达。为了保证这 5% 的用户和其他人群可比，这个 5% 并不是一个固定的人群，而是基于用户 ID 进行随机划分，确保自然的新增、流失都会在这部分人群中发生。

Q：不能做 AB 实验，怎么评估效果？

A：现实环境中，我们确实有很多时候没办法或不愿意做随机对照实验。本书已经介绍了几种在无法实验时可以用于定性或半定量进行效果评估的方法，读者可以阅读 3.4 节。

8.3.4 求职应聘

Q：用户增长最看重什么素质？

A：对于这个问题，很多读者会很好奇。当然，每个人心中应该都有自己的答案。笔者认为数据是基本，但最关键是对业务和用户的理解。对业务和用户的透彻理解是发现增长机会的关键，也是能够保持可持续、良性增长的关键。

Q：如何准备简历和面试问题？

A：用户增长岗位需要快速定位问题，找到解决方案。所以，简历和面试过程中需要集中呈现解决问题的能力。求职者在面试过程中需要简洁地描述解决问题的过程，体现可复制性。笔者重点推荐 STAR 原则，将背景（Situation）、任务（Task）、行动（Action）和结果（Result）4 个元素描述清楚，再根据面试官重点关注的要点做详细介绍。更多关于面试准备的内容，读者可以参考 7.5 节。

Q：如何提升面试/招聘的成功率？

A：求职者面试成功，首先是具备能力。7.4 节列举了三种必备思维和三项必备能力。假设当求职者具备基本的能力时，还需要准备一些目标岗位所处赛道

就是尽力让大家都用数据说话,形成一套通用的决策语言。本书也涉及这几个方面的内容:关于目标制定,读者可以参考很多讨论北极星指标的数据;关于目标拆解,读者可以参考 2.2 节的内容;目标协同是非常复杂的问题,7.1 节和 7.2 节介绍了增长团队内部的团队搭建、工作链条和人员分工,也介绍了团队之间的协同和融合;关于评估机制,读者可以参考 3.3.1 节实验文化的打造;关于用数据说话,读者可以阅读第 3 章和第 4 章。

Q:我在团队只负责拉新/只负责裂变,是在做用户增长吗?

A:当然是的。这一类咨询有很多,大多数读者所在企业还没有独立的增长团队,也没有系统地规划用户增长的全局工作,所以会对整体的职业定位和规划有些疑惑。拉新是很多产品非常重视的环节,也最容易看到效果,因为新增指标是最好度量的。裂变则是近两年来互联网圈内最火爆的词之一,它是用户增长的一个重要方法,能快速且低成本地获得新增用户。专注于拉新或裂变,有非常多的事情可以深挖,算是用户增长中很重要的一环,但也仅能代表用户增长的一部分工作。笔者相信这也是困惑的来源,因而建议负责局部环节的从业人员在工作中不要局限于技巧层面的思考,也需要跳出来思考所在产品岗位之所以获得用户的深层原因,再进一步思考整个行业的完整链路和全局机会。与这部分工作相关的内容,读者可以参考 1.3 节和 1.4 节。

8.3.2 策略产生

Q:目标有很多拆解方式,应该选择哪些人群做实验?

A:第一原则是找到能获得指标增量的人群,然后根据预期收益/成本的比率来排优先级。这里并不需要严格地计算出 ROI 的数值,而是定性地判断哪些策略成本低且产出会高。先将容易获得的增量拿到手,也就是先设法尽快地摘取低垂的果实。如何确定目标人群,是如何找到增长切入点的一个子问题。关于增长切入点,除了人群以外,还有指标及策略选择等。关于如何找到切入点,可以参考 2.2 节。

Q:通过相关性找到策略切入点,有什么注意事项?

A:相关分析是一种找到策略切入点的好方法,但是线性相关更多的是提出假设,最终还需要实验来验证因果性。相关分析有一些需要重点关注的点:(1)散点分布对相关性影响巨大;(2)求得相关系数后需要进行相关检验;(3)散点数量很容易影响结论,散点太少,相关系数会被放大。限于篇幅,这些问题不在本书详细展开,有兴趣的读者可以参考《行为科学统计精要》中的相关内容。

Q:人群和策略的组合有很多,难道要穷尽实验吗?

A:不需要穷尽实验,知道哪些是没有必要的非常重要。首先可以基于以往的运营经验、行业经验,先排除已经被验证大概率无效的策略;其次,在可能有效的策略中进行成本和预期效果两个维度的排布,原则上优先选择预期效果好且成本较低的选项。

8.3.3 效果评估

Q:策略效果显著和效果明显是一回事吗?

A:不是。显著是统计学上假设检验得到的结果,能说明策略处理后实验组观测到的用户指标均值和空白组的差异是显著的。影响假设检验(通常用 t 检验)的因素有很多,其中样本量就是一个主要因素。只要样本量足够大,一点点很小的差异也会被认为是显著的。业务效果明显,通常可以用 Effect Size 来计算,其能代表对业务的影响大小。详细的内容可阅读 4.1.3 节。

Q：增长实验中常提到第Ⅰ类、第Ⅱ类错误和实验有什么关系？

A：概念过多，让人经常会摸不着头脑。简单地说，用户增长实验中，假设检验就是用来检验策略是否有效。笔者建议从策略视角去看：第Ⅰ类错误，误以为策略有效，影响会很大，因为可能会投入大量资源推进一个无效策略；第Ⅱ类错误，误以为策略无效，影响相对小，可能会埋没掉一个潜在的好机会。

Q：空跑期是必须要进行的吗？是否可以用 AA 实验代替？

A：空跑期主要是为了验证随机分组是否可靠。对于一个新的实验场景，例如，某个功能模块第一次进行，如果有条件，建议进行空跑期。然而，空跑期并不是必要的，笔者在书中介绍过，有一些实验场景是无法进行空跑期的。例如，拉新实验没有空跑期；新增留存提升的实验一般需要在用户新增的第一时间进行策略下发，也没有设置空跑期的机会。但是，任何实验都可以进行 AA 实验，即为某个策略设计两个一样的分组和策略，一次验证随机性。通常为了节约时间，会设计 AABB 这样同时验证两个策略组的稳定性。

Q：如何看待用户补贴的短期效果和长期利弊？

A：这个问题来自读者英杰。用户补贴作为最通用的增长策略之一，往往会被问到：一旦将补贴停止，这个策略还会有效吗？其实，很多策略都需要关注短期和长期效果。最好的方法就是随机对照实验。简而言之，将目标用户群随机取一部分去下发补贴，另一部分不下发补贴。看短期效果时，关注从策略下发开始的一段时间，通常关注一个完整的用户活跃周期。长期效果的观察依然可以用实验的方法，将观察的时间拉长至一个月甚至半年。这个过程中会存在很多变数，可能会导致实验组和对照组不可比。这里涉及的原因可能有很多，需要具体分析。

这个问题可以引申一下，如何评估增长策略的长期影响。实验设计者可以在

的增长洞察，充分了解增长机会，做到来之即战，是非常重要的加分项。切换到招聘者视角，同样可以参考能力图谱来考察求职者。

关于用户增长的更多问题，读者可以提交到"用户增长实战笔记"公众号，笔者将持续为您寻找答案。请扫描下方二维码，将您感兴趣的问题发送至公众号即可。

本章总结

本章主要探讨了部分头部互联网企业和自媒体的一些增长观察。

（1）互联网企业主要从组织形式的维度划分，本章介绍了小团队、大团队和增长中台三种基本运作形式和一些利弊。

（2）自媒体的增长观察主要针对目前较主流的短视频、直播电商和依然占有巨大份额的微信公众号展开。通过本书介绍的用户增长全局视野，笔者从观察者视角思考了不同形式的自媒体有哪些增长机会和规律。

（3）最后整理了读者关注的四大类用户增长问题，包括工作内容、策略产生、效果评估及应聘求职。其中一些问题在本书前面的各章已经有过介绍，部分作为书中内容的补充，并可以持续补充和讨论。